FICHES détachables

3e

Objectif BREVET

Sciences

Physique-Chimie - Technologie - SVT

Sébastien Dessaint
Professeur certifié de Physique-Chimie

Malorie Gorillot
Professeur certifié de SVT

hachette
ÉDUCATION

Pour réviser efficacement le Brevet !

Des fiches synthétiques et complètes

Des fiches détachables, à emporter partout

Le cours, clairement présenté

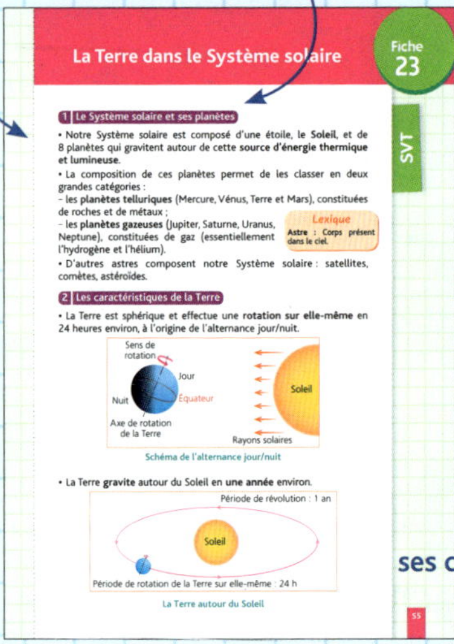

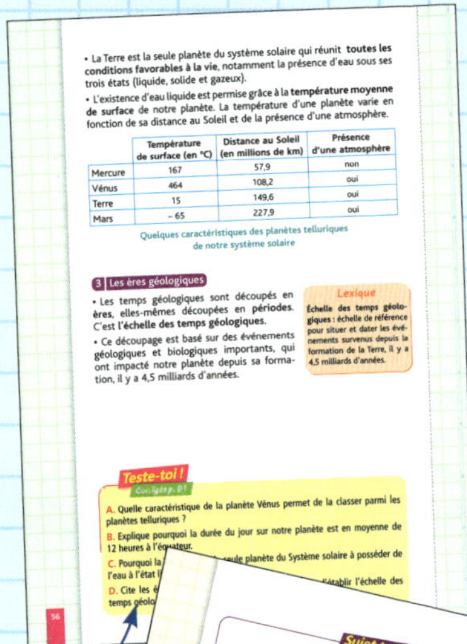

Un test pour évaluer ses connaissances

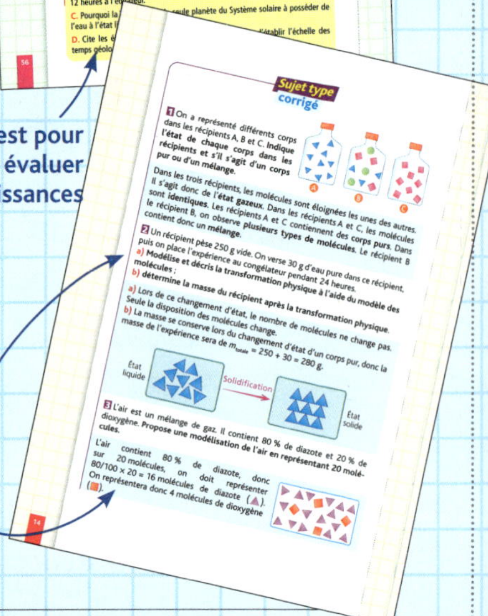

Des sujets types pour s'entraîner

Les corrigés détaillés et guidés

Conception graphique
Couverture et intérieur : Stéphanie Benoit

Réalisation
Schémas : Lasergraphie et Soft Office
Mise en pages : DESK (53)
Édition : Adeline Pécout

www.parascolaire.hachette-education.com
ISBN : 978-2-01-726933-5

Sommaire

PHYSIQUE-CHIMIE

Organisation et transformation de la matière

Mouvements et interactions

L'énergie et ses conversions

Des signaux pour observer et communiquer

TECHNOLOGIE

SCIENCES DE LA VIE ET DE LA TERRE

La planète Terre, l'environnement et l'action humaine

Le vivant et son évolution

Le corps humain et la santé

Réussir le Brevet

1 Modalités administratives du diplôme national du Brevet

Le diplôme national du Brevet (DNB) s'obtient en ajoutant deux types de résultats :

- les **résultats acquis en cours de scolarité** qui déterminent ton niveau de maîtrise du socle commun de connaissances, de compétences et de culture, évalué pour chacune de ses composantes par tes professeurs ; ce niveau est converti en points sur un total maximum de **400 points** ;
- les **notes obtenues aux cinq épreuves terminales de l'examen du DNB**, sur un total maximum de **400 points**.

- Le DNB comporte deux séries : série générale et série professionnelle.

Si tu es inscrit en classe de 3e générale, tu dois te présenter en série générale.

- **La série professionnelle** est réservée aux candidats bénéficiant de dispositifs particuliers (enseignement agricole, SEGPA, ULIS, UPE2A, 3e prépa-pro, DIMA) : ils peuvent choisir de se présenter en série générale, s'ils le préfèrent.
- **Si tu es scolarisé dans un collège**, ton établissement te proposera l'inscription au DNB et tes responsables légaux devront compléter et signer le formulaire d'inscription.

Si tu es candidat individuel, tu dois t'adresser à l'inspection académique de ta résidence/domicile vers les mois de novembre-décembre précédant la session de juin à laquelle tu veux t'inscrire.

Le jour de l'épreuve, prévois d'avoir **ta carte nationale d'identité** ou un autre document officiel comportant une photographie : tu dois faire preuve de ton identité au moment de l'examen.

2 Le niveau de maîtrise du socle commun

- **Les résultats obtenus en cours d'année** (qu'ils fassent l'objet de notes ou d'autres formes d'évaluation) sont pris en compte dans toutes les disciplines pour évaluer ton niveau de maîtrise des compétences attendues dans les différents éléments qui composent le socle commun.
- Le **domaine 1** : « les langages pour penser et communiquer » décliné en ses quatre composantes :

– « Comprendre, s'exprimer en utilisant la langue française à l'oral et à l'écrit » ;
– « Comprendre, s'exprimer en utilisant une langue étrangère et, le cas échéant, une langue régionale » ;

– « Comprendre, s'exprimer en utilisant les langages mathématiques, scientifiques et informatiques » ;
– « Comprendre, s'exprimer en utilisant les langages des arts et du corps ».

• Chacun des quatre autres domaines de formation du socle :
– le **domaine 2** : « les méthodes et outils pour apprendre » ;
– le **domaine 3** : « la formation de la personne et du citoyen » ;
– le **domaine 4** : « les systèmes naturels et les systèmes techniques » ;
– le **domaine 5** : « les représentations du monde et l'activité humaine ».

• Pour chacune de ces composantes (soit 8 au total), les enseignants évaluent le degré de maîtrise que tu as atteint. Il est attribué :
– 10 points si tu as obtenu le niveau maîtrise insuffisante ;
– 25 points pour le niveau maîtrise fragile ;
– 40 points pour le niveau maîtrise satisfaisante ;
– 50 points pour le niveau très bonne maîtrise.

• Peuvent s'y ajouter les points obtenus pour un enseignement de complément que tu as suivi et si tu as atteint (10 points) ou dépassé (20 points) les objectifs d'apprentissage du cycle. L'enseignement de complément est au choix : latin ou grec ou langue et culture régionale ou langue des signes française ou découverte professionnelle.

• Le **total maximum de points est de 400 points** (50 points × 8 composantes = 400), **plus l'éventuel bonus de l'enseignement de complément**.

3 L'examen terminal

• L'examen terminal en fin de classe de 3e comporte cinq épreuves obligatoires.

• Une **épreuve écrite** qui porte sur le programme de **français**.

• Une **épreuve écrite** qui porte sur le programme de **mathématiques**.

• Une **épreuve écrite** qui porte sur le programme d'**histoire**, **géographie et enseignement moral et civique**.

• Une **épreuve écrite** qui porte sur le programme de **physique-chimie, sciences de la vie et de la Terre et technologie** (voir le détail de cette épreuve p. 7).

• Une **épreuve orale** de 15 minutes.

• **L'ensemble de ces 5 épreuves est noté sur 400 points**.

4 Admission et mentions

• Pour être **déclaré admis** au diplôme national du brevet, tu dois obtenir un **minimum de 400 points** sur le total de 800.

• Des mentions sont attribuées selon le barème suivant :
– mention assez bien, si tu cumules plus de 480 points ;
– mention bien, si tu cumules plus de 560 points ;
– mention très bien, si tu cumules plus de 640 points.

Descriptif de l'épreuve

L'ÉPREUVE ÉCRITE DE SCIENCES (PHYSIQUE-CHIMIE, SVT, TECHNOLOGIE)

Durée de l'épreuve :
deux fois 30 minutes, soit 1 heure.

Notation : 50 points.
Les points attribués à chaque exercice sont indiqués dans le sujet.

Nature de l'épreuve

Pour cette épreuve, à chaque session de l'examen, deux disciplines seulement sur les trois citées – Physique-Chimie, sciences de la Vie et de la Terre, Technologie – sont retenues.

Le choix des deux disciplines est signifié deux mois avant la date de l'examen.

Le sujet est constitué d'exercices qui doivent pouvoir être traités par le candidat indépendamment les uns des autres.

Le candidat traite les exercices de chacune des deux disciplines retenues sur une même copie.

Conseils pour se préparer à l'épreuve

1 L'esprit de l'épreuve

• L'épreuve écrite de Sciences est composée de plusieurs exercices traités par le candidat indépendamment les uns des autres. Deux des trois disciplines enseignées au collège (physique-chimie, sciences de la vie et de la Terre et technologie) sont présentes dans cette épreuve. Tu connaîtras le choix des disciplines deux mois avant la date de l'examen.

• Lors de cette épreuve, qui dure une heure, tu vas être confronté à de nombreux documents (tableaux, graphiques, schémas, croquis, cartes, notices). Tu dois être capable de lire ces documents et d'en tirer des informations. La difficulté sera de lire l'ensemble des documents qui composent l'épreuve et de répondre aux questions dans la durée de l'épreuve.

2 Comment se préparer à l'épreuve pendant l'année

Le programme de Sciences et Technologie du cycle 4 est exigeant. Il fait appel à tes connaissances et tes compétences acquises les années précédentes. En classe de troisième, tu vas les approfondir, développer ta pratique expérimentale afin de mener une démarche de recherche. Voici quelques conseils qui vont te permettre de bien te préparer durant ton année.

A Construis des fiches de révision

Pour te préparer efficacement durant l'année, tu devras apprendre et réviser l'ensemble des leçons pour trois disciplines. Construis à la fin de chaque leçon une fiche qui résume la leçon. Tu y feras figurer :
– Le titre de la leçon
– Les notions essentielles
– Les formules à utiliser
La fiche doit être synthétique et bien structurée afin que tu puisses t'y référer facilement.

B Apprends à lire le sujet

Tu dois être capable de lire les documents qui composent le sujet et d'en tirer des informations. Tu peux construire des fiches « méthode » pour chaque type de documents (tableaux, graphiques, schémas, croquis, cartes, notices).

C Apprends à rédiger

Face à un exercice, à une question ou à un problème ouvert, tu dois être capable d'identifier la question posée et de rédiger ta réponse.

– Identifie bien la question et réécris clairement ce que tu cherches. Cela te permettra, en fin d'exercice, de vérifier si tu as bien répondu à la question posée.

– Cite les documents que tu utilises pour répondre à la question posée.

– Si la réponse t'amène à faire un calcul, tu dois faire apparaître les étapes du calcul. N'oublie pas de préciser les unités dans ta réponse. Si le résultat est un nombre très grand ou très petit, tu peux utiliser les puissances de dix.

– Rédige une conclusion. Elle doit répondre à la question que tu as écrit au début.

3 S'entraîner dans les conditions de l'examen

Pour préparer l'épreuve, tu dois t'entraîner. Installe-toi dans les conditions de l'examen, dans un endroit calme.

Étape 1 Choisis un sujet d'annales.

Étape 2 Une fois le sujet choisi, déclenche un chronomètre.

Étape 3 Lis l'ensemble des sujets.

Étape 4 Identifie les connaissances dont tu vas avoir besoin, repère les informations que les documents t'apportent.

Étape 5 Traite les sujets en entier en respectant la durée de l'épreuve indiquée.

Pour chaque sujet, tu peux utiliser ce découpage :

– Lecture complète du sujet, documents et questions : 5 minutes max.

– Recherche et rédaction : 20 minutes max.

– Relecture : 5 minutes max.

4 Le jour de l'examen

• Parcours le sujet et identifie clairement les deux disciplines évaluées. Tu peux traiter les sujets dans l'ordre ou commencer par celui que tu préfères. Attention, tu dois traiter les deux sujets. Tu dois consacrer 30 minutes maximum à chaque sujet (voir ci-dessus).

• Un sujet peut contenir plusieurs exercices indépendants. Si tu bloques sur une question, laisse de la place pour y répondre plus tard et passe à l'exercice ou à la question suivante.

Corps pur et mélange

Fiche 1

Physique-Chimie

1 Espèce chimique

On appelle « espèce chimique » un **ensemble d'entités chimiques identiques**. Une espèce chimique peut être atomique, moléculaire ou ionique.

L'hélium	**L'eau**	**Le sel**
He	H_2O	(Na^+ ; Cl^-)
Espèce chimique atomique	Espèce chimique moléculaire	Espèce chimique ionique

2 Corps pur et mélange

• Un **corps pur** est une substance (solide, liquide ou gazeuse) qui ne contient qu'**une seule sorte d'espèce chimique**.

• Un **mélange** est une substance (solide, liquide ou gazeuse) contenant **des espèces chimiques différentes**.

ex. : L'air contient principalement du diazote et du dioxygène, c'est un mélange. L'eau distillée ne contient que des molécules d'eau, c'est un corps pur.

3 Miscibilité et solubilité

• La **miscibilité** est la capacité de deux liquides à se mélanger. Deux liquides miscibles forment un **mélange homogène**. Dans le cas contraire, ils forment un **mélange hétérogène**.

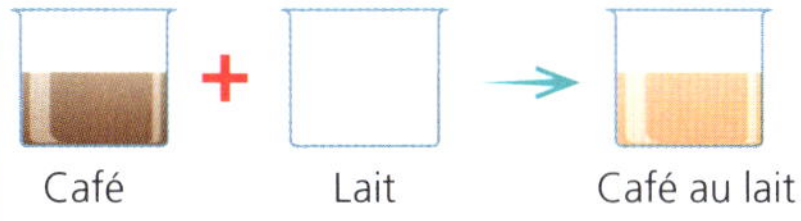

Le lait et le café sont **miscibles**. Ils forment un mélange **homogène**.

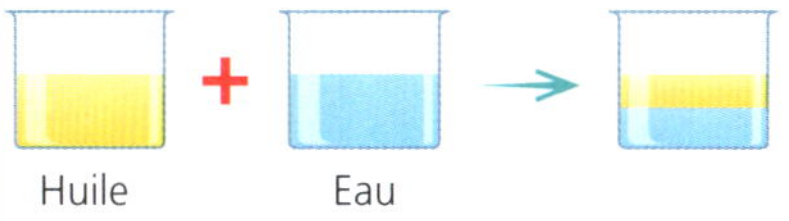

On distingue 2 phases. L'huile est moins dense que l'eau. Elles forment un mélange **hétérogène**.

• La **solubilité** est la capacité d'une substance solide, liquide ou gazeuse (appelée soluté) à **se dissoudre** dans un liquide (appelé solvant). Le mélange obtenu est appelé **solution**. Si le solvant utilisé est de l'eau, alors on parle de **solution aqueuse**.

• Lors d'une dissolution, il y a conservation de la masse totale.

Sujet type corrigé

Pour étudier l'eau des océans, les scientifiques mesurent **la salinité de l'eau.** C'est la masse de sel (chlorure de sodium) dissout dans un litre d'eau. Utilise tes connaissances et les résultats expérimentaux ci-dessous pour répondre aux questions.

1 Nomme l'espèce chimique commune contenue dans les deux béchers.

L'espèce chimique commune aux deux béchers est l'eau. C'est une espèce chimique moléculaire, de formule chimique H_2O.

2 Pour chaque bécher, indique s'il s'agit d'un corps pur ou d'un mélange.

L'eau distillée est un corps pur, car elle ne contient que des molécules d'eau. L'eau de la mer Méditerranée est un mélange homogène, car elle contient des molécules d'eau et du sel dissout.

3 Le sel contenu dans l'eau de mer n'est pas visible.
Quelle propriété du sel permet d'expliquer cette observation ?

Le sel peut se dissoudre dans l'eau. On dit qu'il est soluble dans l'eau.

4 Calcule la masse de sel contenue dans le bécher 2, puis détermine la salinité de l'eau de la mer Méditerranée.

L'eau distillée est pure, elle ne contient pas de sel. L'eau de la mer Méditerranée contient du sel. En faisant la différence entre les deux récipients, on en déduit la masse de sel dans les 250 ml d'eau du prélèvement.
$m = 384 - 375 = 9$ grammes de sel dans 250 ml d'eau.
Dans un litre d'eau, il y a 4 × 250 ml d'eau.
Donc 4 × 9 = 36 grammes.
La salinité du prélèvement est de 36 grammes par litre.

Modélisation de la matière

1 Modéliser pour comprendre

Pour expliquer certaines propriétés de la matière, on peut modéliser les molécules.

	À l'état solide, les molécules sont proches les unes des autres et immobiles les unes par rapport aux autres. L'état solide est **compact** et **ordonné**.
	À l'état liquide, les molécules sont proches les unes des autres et peuvent se déplacer les unes par rapport aux autres. L'état liquide est **compact** et **désordonné**.
	À l'état gazeux, les molécules sont éloignées les unes des autres et se déplacent rapidement. Entre elles règne le vide. L'état gazeux est **dispersé** et **désordonné**.

2 Corps pur et mélange

Un corps pur est constitué de molécules toutes identiques.

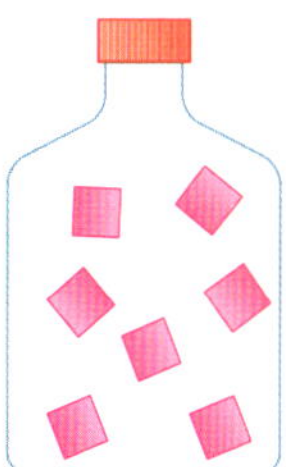

Ce gaz ne contient qu'un seul type de molécule, **c'est un corps pur**.

Un mélange est composé de molécules différentes.

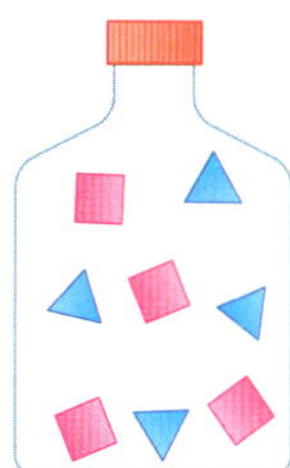

Ce gaz contient deux types de molécules, **c'est un mélange**.

3 Changement d'état, masse et volume

Lors d'un changement d'état :

- le **nombre** de molécules ne change pas, donc la masse se conserve ;
- la distance entre les molécules change, donc le volume varie.

Sujet type corrigé

1 On a représenté différents corps dans les récipients A, B et C. **Indique l'état de chaque corps dans les récipients et s'il s'agit d'un corps pur ou d'un mélange.**

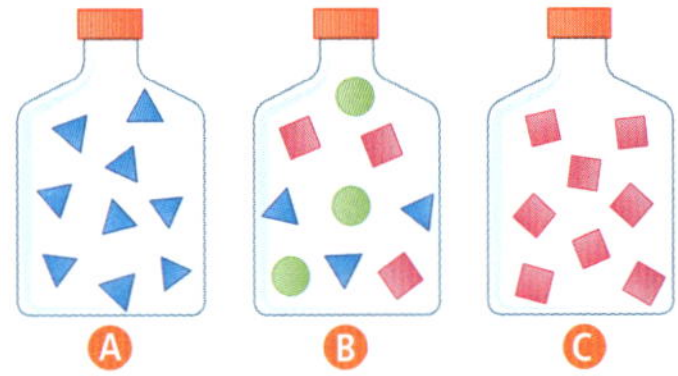

Dans les trois récipients, les molécules sont éloignées les unes des autres. Il s'agit donc de l'**état gazeux**. Dans les récipients A et C, les molécules sont **identiques**. Les récipients A et C contiennent des **corps purs**. Dans le récipient B, on observe **plusieurs types de molécules**. Le récipient B contient donc un **mélange**.

2 Un récipient pèse 250 g vide. On verse 30 g d'eau pure dans ce récipient, puis on place l'expérience au congélateur pendant 24 heures.

a) **Modélise et décris la transformation physique à l'aide du modèle des molécules** ;

b) **détermine la masse du récipient après la transformation physique**.

a) Lors de ce changement d'état, le nombre de molécules ne change pas. Seule la disposition des molécules change.

b) La masse se conserve lors du changement d'état d'un corps pur, donc la masse de l'expérience sera de $m_{totale} = 250 + 30 = 280$ g.

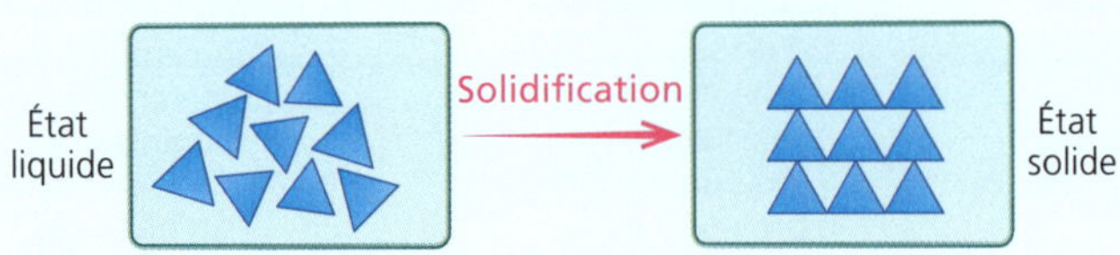

3 L'air est un mélange de gaz. Il contient 80 % de diazote et 20 % de dioxygène. **Propose une modélisation de l'air en représentant 20 molécules.**

L'air contient 80 % de diazote, donc sur 20 molécules, on doit représenter 80/100 × 20 = 16 molécules de diazote (▲). On représentera donc 4 molécules de dioxygène (■).

Atomes et molécules

1 L'atome

La matière est constituée d'**atomes**. Un atome est représenté par un **symbole chimique** et modélisé par une sphère colorée.

Atome	Carbone	Oxygène	Hydrogène	Azote
Symbole	C	O	H	N
Représentation				

2 La molécule

Une molécule est composée à partir d'**atomes**. Elle est représentée par une **formule chimique** et modélisée par un **modèle moléculaire**.

• La **molécule de diazote** contient 2 atomes d'azote.
Sa formule chimique est N_2.

N_2

• La **molécule d'eau** contient 2 atomes d'hydrogène et 1 atome d'oxygène.
Sa formule chimique est H_2O.

H_2O

• La **molécule de dioxygène** contient 2 atomes d'oxygène.
Sa formule chimique est O_2.

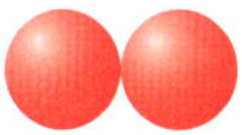

O_2

• La **molécule de dioxyde de carbone** contient 2 atomes d'oxygène et 1 atome de carbone.
Sa formule chimique est CO_2.

CO_2

3 L'air : un mélange de molécules

L'air n'est pas un corps pur, mais un **mélange de plusieurs gaz**.
Il contient 78 % de diazote, 21 % de dioxygène et 1 % d'autres gaz.

4 Atomes et transformation chimique

Lors d'une transformation chimique, les atomes qui constituent les **réactifs**, se réarrangent pour former de nouvelles molécules : les **produits**. Lors d'une transformation chimique, les atomes **se conservent** (il y a le même nombre d'atomes avant et après la transformation). La masse totale se conserve donc aussi.

Sujet type corrigé

1 Pour chaque modélisation, indique s'il s'agit d'un atome ou d'une molécule. Écris son symbole ou sa formule chimique. Précise la composition des molécules.

A représente un atome d'hydrogène, de symbole H.
B représente une molécule d'eau. Elle contient un atome d'oxygène et deux atomes d'hydrogène. Sa formule chimique est H_2O.
C représente une molécule de diazote. Elle contient deux atomes d'azote. Sa formule chimique est N_2.
D représente un atome d'oxygène, de symbole O.

2 La molécule qui compose le sucre contient 12 atomes de carbone, 22 atomes d'hydrogène et 11 atomes d'oxygène.
Écris sa formule chimique.

La formule chimique du sucre s'écrit $C_{12}H_{22}O_{11}$.

3 L'air est-il un corps pur ? Quelle(s) molécules le constitue ?

L'air est un mélange de plusieurs types de molécules. Ce n'est pas un corps pur. Il contient principalement du diazote, de formule chimique N_2 et du dioxygène, de formule chimique O_2.

4 Les molécules des réactifs se conservent-elles lors d'une transformation chimique ? Justifie ta réponse.

Lors d'une transformation chimique, les molécules ne se conservent pas, car les atomes qui les composent se réarrangent pour former de nouvelles molécules (les produits). Il y a conservation des atomes mais pas des molécules lors d'une transformation chimique.

Les constituants de l'atome

1 Modèle de l'atome

• Un **atome** est composé d'un **noyau** (chargé positivement) et d'un **nuage d'électrons** (chargés négativement). Les électrons sont en mouvement autour du noyau. Un atome est électriquement neutre, car il contient autant de charges positives (**protons**) dans son noyau que de charges négatives (**électrons**) dans son nuage.

• Le noyau est constitué de **protons** (chargés positivement) et de neutrons (neutres). Ils constituent les **nucléons**.

• Le diamètre d'un atome est de l'ordre du dixième de **nanomètre**, soit 10^{-10} m. Son noyau est 100 000 fois plus petit, soit 10^{-15} m. De plus, la quasi-totalité de la masse d'un atome est concentrée dans le noyau. Un atome est donc principalement constitué de vide.

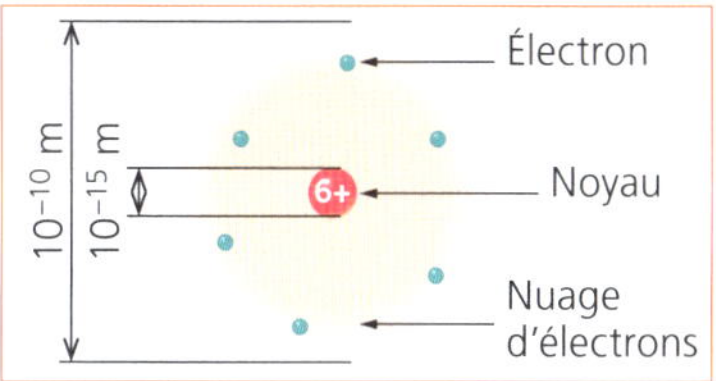

Composition d'un atome

2 Élément chimique

Un élément chimique est identifié par son **symbole** et par son **numéro atomique Z** (c'est le nombre de protons que contient un atome). Sur Terre, il existe 112 éléments chimiques stables. Dans la **classification périodique**, les éléments sont classés par numéro atomique Z croissant.

$_{1}$H Hydrogène						Numéro atomique →	$_{2}$He Hélium
$_{3}$Li Lithium	$_{4}$Be Béryllium	$_{5}$B Bore	$_{6}$C Carbone	$_{7}$N Azote	$_{8}$O Oxygène	$_{9}$F Fluor	$_{10}$Ne Néon
$_{11}$Na Sodium	$_{12}$Mg Magnésium	$_{13}$Al Aluminium	$_{14}$Si Silicium	$_{15}$P Phosphore	$_{16}$S Soufre	$_{17}$Cl Chlore	$_{18}$Ar Argon

Classification des 18 premiers éléments

Sujet type corrigé

1 Détermine le numéro atomique de l'atome d'oxygène. Explique pourquoi cet atome est électriquement neutre puis propose une représentation de cet atome.

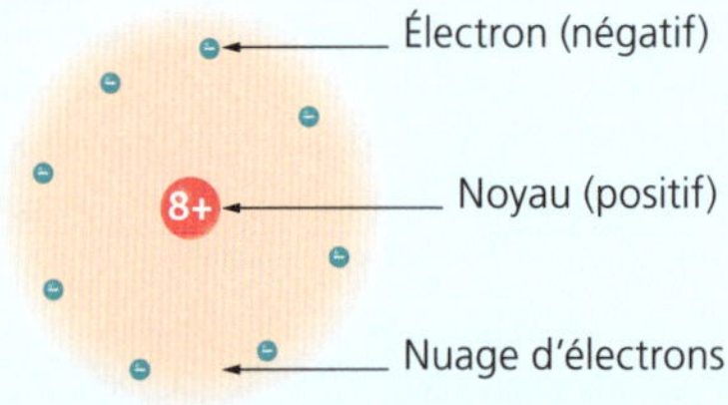

L'atome d'oxygène possède le numéro 8 atomique. Il est électriquement neutre, car il contient autant de charges positives (8 protons) dans son noyau que de charges négatives (8 électrons) dans son nuage d'électrons.

2 L'atome d'aluminium a un rayon de $1{,}2 \times 10^{-10}$ mètre. **Calcule le diamètre de cet atome, ainsi que celui de son noyau, puis décris la répartition de la masse dans cet atome.**

Le diamètre d'un atome est égal à deux fois son rayon.
$d_{atome} = 2 \times r = 2 \times 1{,}2 \times 10^{-10}\,\text{m} = 2{,}4 \times 10^{-10}\,\text{m}$.
Le noyau d'un atome est 100 000 fois plus petit que l'atome.
$d_{noyau} = d_{atome} / 100\,000$
$d_{noyau} = 2{,}4 \times 10^{-10} / 100\,000$
$d_{noyau} = 2{,}4 \times 10^{-15}\,\text{m}$
Le noyau est 100 000 fois plus petit que l'atome et il contient la quasi-totalité de la masse. Un atome est donc principalement constitué de vide.

3 Utilise la classification périodique afin d'identifier et de décrire la composition des éléments chimiques suivants :
a) **Élément chimique de numéro atomique 13.**
b) **Élément chimique de symbole Na.**
c) **Élément chimique contenant 1 proton et 1 électron.**

a) Il s'agit de l'élément aluminium. Il contient 13 protons dans son noyau et 13 électrons dans son nuage d'électrons.
b) Il s'agit de l'élément sodium. Il a pour numéro atomique 11. Il contient donc 11 protons dans son noyau et 11 électrons dans son nuage d'électrons.
c) Le numéro atomique de cet élément est 1. Il s'agit de l'élément hydrogène, de symbole H.

La masse volumique des corps

1 Mesure de masse et de volume

• La **masse d'un corps** se mesure à l'aide d'une balance. Le **kilogramme** (kg) est l'unité légale dans le Système international.
À noter 1 kg = 1 000 g.

• Le **volume d'un liquide** peut se mesurer avec une éprouvette graduée. L'unité légale du volume est le **mètre cube** (m^3). On peut aussi utiliser une unité plus petite, le **millilitre** (mL).
À noter : 1 m^3 = 1 000 L et 1 cm^3 = 1 mL.

• **Pour mesurer le volume d'un objet**, on peut utiliser la technique du déplacement d'eau. On immerge le solide dans un récipient gradué contenant de l'eau. Il déplace un volume d'eau égal à son propre volume.

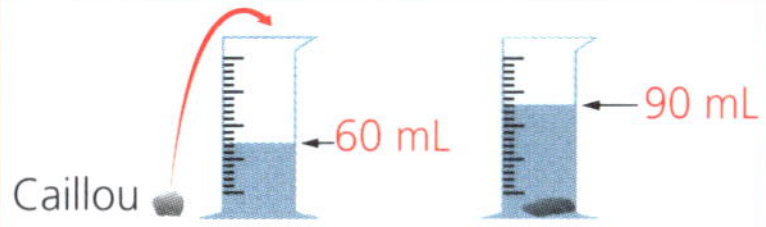

$V_{\text{eau déplacée}} = 90 - 60$
$V_{\text{eau déplacée}} = 30$ mL
or 1 mL = 1 cm^3
$V_{\text{objet}} = 30$ cm^3

2 Calcul de la masse volumique d'un corps

• La **masse volumique** ρ (lettre grecque qui se prononce « rho ») d'un corps correspond au quotient de sa masse (*m*) par son volume (*V*).

$$\rho = \frac{m}{V}$$

masse volumique (g/cm^3) → ρ ; *m* ← masse (g) ; *V* ← volume (cm^3)

Remarque : La masse volumique peut aussi s'exprimer en kilogramme par mètre cube (kg/m^3).

• La formule peut aussi s'écrire $m = \rho \times V$.
Un corps peut être identifié par sa masse volumique :

Corps solide : $\rho_{\text{liège}} = 0{,}24$ g/cm^3 $\rho_{\text{glace}} = 0{,}9$ g/cm^3
$\rho_{\text{fer}} = 7{,}9$ g/cm^3 $\rho_{\text{aluminium}} = 2{,}7$ g/cm^3 $\rho_{\text{or}} = 19{,}3$ g/cm^3
$\rho_{\text{cuivre}} = 8{,}9$ g/cm^3 $\rho_{\text{plomb}} = 11{,}3$ g/cm^3

Corps liquide (à 20 °C) : $\rho_{\text{essence}} = 0{,}75$ g/cm^3 $\rho_{\text{gazole}} = 0{,}85$ g/cm^3
$\rho_{\text{huile d'olive}} = 0{,}92$ g/cm^3 $\rho_{\text{eau douce}} = 1{,}0$ g/cm^3
$\rho_{\text{eau de mer}}$ = De 1,00 à 1,03 g/cm^3

Sujet type corrigé

1 Utilise les expériences suivantes et les masses volumiques données à la page précédente pour déterminer la nature du matériau utilisé.

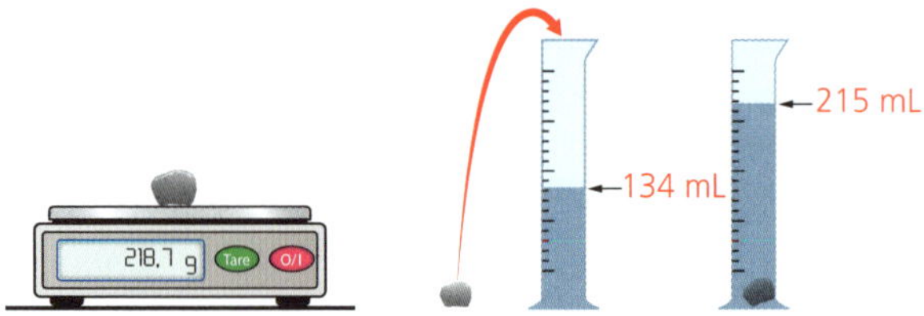

Expérience 1 — Expérience 2

L'expérience 1 permet de déterminer **la masse** du matériau : m = 218,7 g.
L'expérience 2 permet de déterminer **le volume** du matériau en mL. Cette expérience se nomme « mesure de volume par déplacement d'eau » :
V = 215 – 134 = **81 mL**.
On utilise ensuite la formule de la masse volumique $\rho = \dfrac{m}{V}$.

$\rho = \dfrac{218{,}7}{81}$.

ρ = 2,7 g/mL or 1 cm^3 = 1 mL donc ρ = 2,7 g/cm^3.
Cette valeur correspond à la masse volumique de l'**aluminium**.

2 Un artisan veut acheter 3 m^3 de sable. Pour le transporter, il utilise une remorque pouvant supporter une charge maximale de 800 kg. La masse volumique du sable sec est de 1 600 kg/m^3.
Combien de voyages, au minimum, l'artisan doit-il réaliser ?

Il faut d'abord déterminer le volume maximal de sable que peut contenir la remorque.
Pour calculer le volume maximal de sable V, on va utiliser la formule $\rho = \dfrac{m}{V}$.

Ici, on cherche V donc la formule devient $V = \dfrac{m}{\rho}$.

$V = \dfrac{800}{1\,600}$.

V = 0,5 m^3.
La remorque peut contenir au maximum 0,5 m^3 de sable.
Pour transporter 3 m^3 de sable, il faut donc $\dfrac{3}{0{,}5}$ = **6 voyages**.

Transformations physiques et chimiques

1 Transformation physique

• Lors d'une **transformation physique** (changement d'état, dissolution...), les molécules ne sont pas modifiées. Il y a **conservation des molécules**. Seule leur **disposition** les unes par rapport aux autres est modifiée.

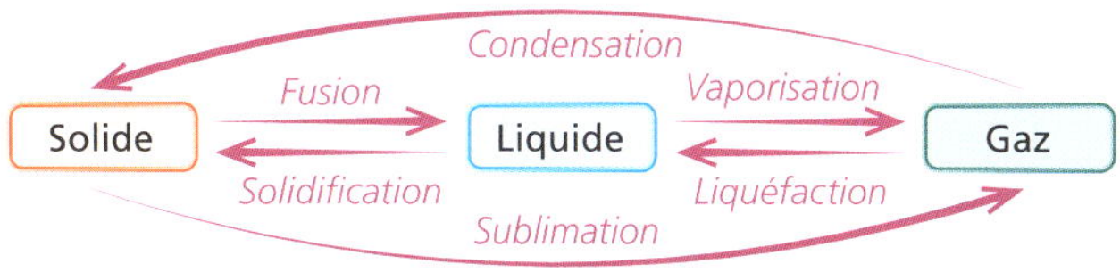

• La **température** reste constante lors du changement d'état d'un corps pur, alors qu'elle varie lors du changement d'état d'un mélange.

2 Transformation chimique

Une **transformation chimique** (combustion, réaction acide-métal, réaction acide-base...) est une transformation de la matière au cours de laquelle les atomes qui constituent les molécules des **réactifs** se réarrangent pour former de nouvelles molécules : les **produits**. Lors de la transformation chimique, il y a **conservation des atomes** : la masse totale est conservée.

3 Équation de réaction

Pour décrire une transformation chimique, on écrit une **équation de réaction**. Son écriture fait intervenir les formules chimiques des réactifs et des produits, ainsi que des coefficients assurant la conservation des éléments et des charges électriques.

ex. : La combustion du méthane.
Bilan : méthane + dioxygène → dioxyde de carbone + eau
Équation de réaction :

Coefficients d'ajustement

$$\underbrace{CH_4 + 2O_2}_{\text{Réactifs}} \longrightarrow \underbrace{CO_2 + 2H_2O}_{\text{Produits}}$$

Sujet type corrigé

Protocole expérimental permettant de synthétiser le nitrobenzène

Le nitrobenzène est un corps pur de formule chimique $C_6H_5NO_2$ utilisé dans la chimie des colorants. Pour l'obtenir, on fait réagir de l'acide nitrique (HNO_3) avec du benzène (C_6H_6).

Il se forme du nitrobenzène et de l'eau (H_2O).

Les caractéristiques du nitrobenzène sont :

T_{fusion} : 5,7 °C et $T_{ébullition}$: 210,9 °C.

1 Indique les états du nitrobenzène à 0 °C et à 100 °C.
Quel changement d'état aura lieu si le nitrobenzène passe de 215 °C à 200 °C ?

Le point de fusion du nitrobenzène est à 5,7 °C. À 0 °C, il est donc encore solide. Le point d'ébullition du nitrobenzène est à 210,9 °C.
À 100 °C, il est donc encore liquide. À 215 °C, le nitrobenzène est gazeux et à 200 °C il est liquide. Le passage de l'état gazeux à l'état liquide se nomme liquéfaction.

2 Ce protocole correspond à une transformation chimique.
Donne deux arguments justifiant cette affirmation.

Ce protocole correspond à une transformation chimique, car il s'agit d'une synthèse. De plus, il y a formation de nouvelles molécules (eau et nitrobenzène).

3 Nomme les réactifs, puis les produits obtenus lors de cette expérience en utilisant l'équation de réaction suivante :
$HNO_3 + C_6H_6 \rightarrow C_6H_5NO_2 + H_2O$.

Les réactifs utilisés sont l'acide nitrique (HNO_3) et le benzène (C_6H_6).
Les produits formés sont le nitrobenzène ($C_6H_5NO_2$) et l'eau (H_2O).

4 Vérifie que l'affirmation suivante s'applique à la synthèse du nitrobenzène : « lors d'une transformation chimique, il y a redistribution des atomes ».

Les atomes contenus dans les molécules des réactifs se réarrangent pour former les molécules des produits. Dans l'équation de réaction $HNO_3 + C_6H_6 \rightarrow C_6H_5NO_2 + H_2O$, il y a les mêmes atomes et les mêmes quantités de part et d'autre de la flèche.

Formation et identification des ions

1 La formation des ions

Un **ion** provient d'un atome (ou d'un groupe d'atomes) ayant gagné (ou perdu) un (ou plusieurs) électron(s). Un ion est donc électriquement chargé.

Ions positifs		Ions négatifs
ion sodium Na^+ ion hydrogène H^+	ion cuivre II Cu^{2+} ion fer II Fe^{2+} ion fer III Fe^{3+}	ion chlorure Cl^- ion hydroxyde HO^- ion nitrate NO_3^-

2 Modéliser la formation d'un ion

Pour modéliser la formation d'un ion, il faut faire apparaître le gain (ou la perte) d'un (ou plusieurs) électron(s).

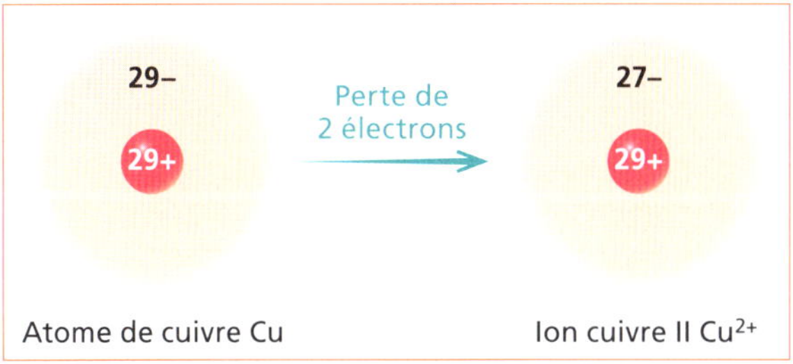

Perte d'électrons

3 Mise en évidence des ions

On identifie un ion dans une solution en réalisant une réaction de **précipitation**. L'ajout de quelques gouttes d'un réactif permet de former un **précipité** (solide) coloré caractéristique de l'ion.

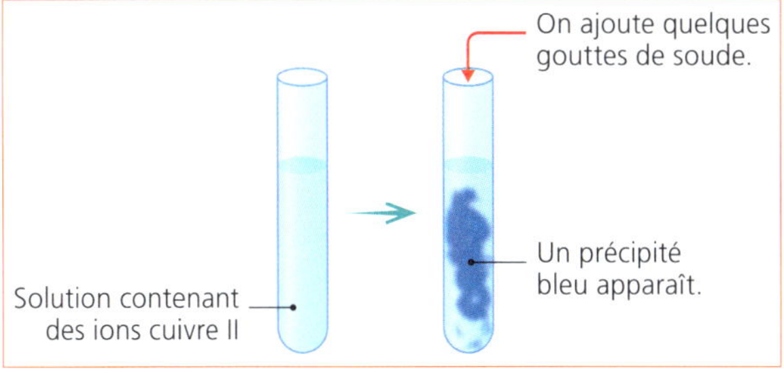

Apparition du précipité

Ions	Cu^{2+}	Fe^{2+}	Fe^{3+}	Al^{3+}	Cl^-
Réactif	soude	soude	soude	soude	solution de nitrate d'argent
Couleur du précipité	bleue	verte	orange	blanche	blanche qui noircit

Sujet type corrigé

1 L'eau salée contient des ions sodium et des ions chlorure. **Modélise et explique la formation de chacun de ces ions sachant que le numéro atomique du sodium est 11 et que celui du chlore est le 17.**

Formation de l'ion chlorure : l'ion chlorure a pour formule Cl^-. Il est donc négatif. Il provient d'un atome qui a gagné un électron.

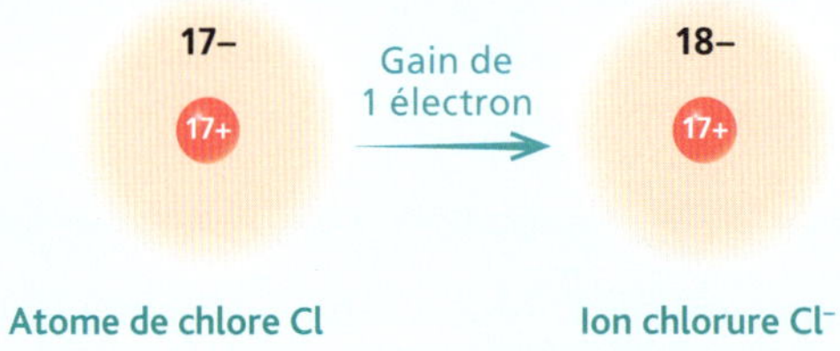

Formation de l'ion sodium : l'ion sodium a pour formule Na^+. Il est donc positif. Il provient d'un atome qui a perdu un électron.

2 **Propose un protocole permettant de mettre en évidence la présence des ions chlorure dans l'eau salée.**

Pour mettre en évidence les ions chlorure, il faut verser quelques gouttes d'une solution de nitrate d'argent dans un tube à essai contenant de l'eau salée. Il y a alors formation d'un précipité blanc qui noircit à la lumière.

Le pH des solutions

1 Le pH de solutions aqueuses

• Le **pH** est un nombre sans unité, compris entre 0 et 14. Il permet de classer les solutions aqueuses en trois groupes.

• La **mesure du pH** d'une solution aqueuse s'effectue avec du papier pH (la précision sera à l'unité) ou à l'aide d'un pH-mètre (la précision sera au dixième ou au centième).

2 Ions et pH

L'ion H^+ (ion hydrogène) est responsable de l'**acidité**.
L'ion HO^- (ion hydroxyde) est responsable de la **basicité**.

• Une **solution acide** contient plus d'ions H^+ que d'ions HO^-.

• Une **solution neutre** contient autant d'ions H^+ que HO^-.

• Une **solution basique** contient plus d'ions HO^- que d'ions H^+.

3 pH, dilution et sécurité

Diluer une solution aqueuse, c'est **ajouter de l'eau** à cette solution. Il faut toujours verser l'acide dans l'eau et non l'inverse, afin d'éviter tout risque de projection. Lorsqu'on dilue une solution acide, son pH augmente et tend vers 7.

Sujet type corrigé

Dans une cuisine, on trouve de nombreux liquides comme des boissons, des condiments ou des produits ménagers dont on a mesuré le pH.

Liquide	Lait	Vinaigre	Eau minérale	Jus de tomate	Soude
pH	6,5	2,4	7,0	3,8	13,0

Liquide	Acide chlorhydrique	Eau de Javel	Perrier	Ammoniaque
pH	1,8	13,2	5,2	12,0

1 Les mesures de pH ont-elles été obtenues en utilisant un papier indicateur de pH ? Argumente la réponse.

Les mesures sont précises au dixième. Elles n'ont pas été obtenues avec le papier indicateur de pH, car ce dernier a une précision à l'unité. Elles ont été obtenues avec le pH-mètre.

2 Classe les solutions acides du tableau de la p. 25 de la plus acide à la moins acide.

Le liquide plus acide est l'acide chlorhydrique (pH = 1,8), puis le vinaigre (pH = 2,4), le jus de tomate (pH = 3,8), le Perrier (pH = 5,2) et enfin le lait (pH = 6,5).

3 Comment varient le pH et l'acidité d'une solution acide ?

Le liquide le plus acide possède la plus petite valeur de pH. Le pH d'une solution diminue donc lorsque l'acidité augmente.

4 Le document ci-dessous représente la modélisation de trois solutions aqueuses. **Indique la nature (acide, neutre ou basique) de ces solutions.**

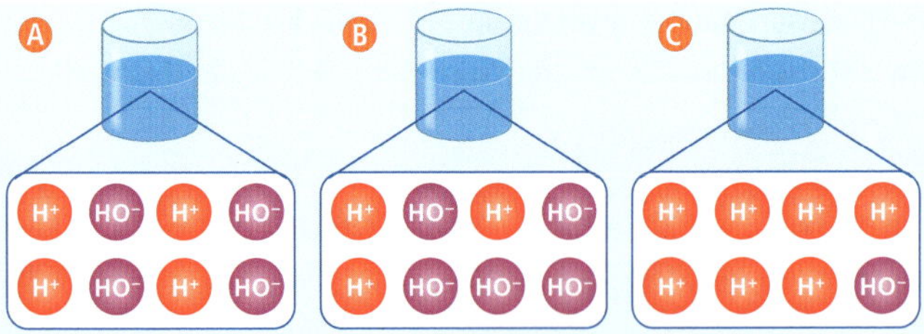

Une solution neutre contient autant d'ions HO^- que d'ions H^+.
La modélisation Ⓐ représente donc une solution neutre.
Une solution basique contient davantage d'ions HO^- que d'ions H^+.
La modélisation Ⓑ représente donc une solution basique.
Une solution acide contient davantage d'ions H^+ que d'ions HO^-.
La modélisation Ⓒ représente donc une solution acide.

Réaction entre solutions acides et métaux et réaction acides bases

Fiche 9

Physique-Chimie

1 L'acide chlorhydrique

L'**acide chlorhydrique** est une solution corrosive de pH inférieur à 7. Elle contient des **ions hydrogène** (H^+) et des **ions chlorure** (Cl^-). Elle a pour formule chimique (H^+, Cl^-). C'est l'ion hydrogène qui est responsable de l'acidité de cette solution et qui réagit avec les métaux. L'ion chlorure n'intervient pas, on dit qu'il est **spectateur**.

Corrosif

2 Action de l'acide chlorhydrique sur les métaux

- L'acide chlorhydrique réagit avec l'**aluminium** (Al), le **fer** (Fe) et le **zinc** (Zn), mais ne réagit pas avec le **cuivre** (Cu).
- Lors de la transformation chimique entre l'acide chlorhydrique et le zinc, les ions H^+ et le zinc sont consommés. Il se forme alors un gaz : du **dihydrogène**. Ce gaz produit une détonation en présence d'une flamme. Il se forme aussi des ions zinc.
- Le bilan de cette transformation chimique est :

Acide chlorhydrique + zinc	→	Dihydrogène + chlorure de zinc
Réactifs		*Produits*

- L'**équation simplifiée** de réaction est :

$$2H^+ + Zn \rightarrow H_2 + Zn^{2+}$$

- Il y a **conservation** des atomes et des charges électriques lors de la réaction chimique entre l'acide chlorhydrique et le zinc.

3 Réaction entre solutions acides et basiques

- Lorsqu'on mélange de la soude et de l'acide chlorhydrique, il se produit une transformation chimique qui libère de la chaleur (la température augmente).
- **Attention, les réactions acide-base sont dangereuses.** Elles peuvent produire des projections. Il faut porter des équipements de protection pour manipuler ces produits.

Sujet type corrigé

On fait réagir un métal avec l'acide chlorhydrique. Il y a formation d'un gaz qui produit une détonation en présence d'une flamme. Après réaction, le métal a totalement disparu. Un test d'identification à la soude faire apparaître un précipité vert. Le pH de la solution passe de 2,2 à 3,4 lors de cette transformation chimique.

1 Utilise le test d'identification pour identifier le métal utilisé (reporte-toi à la fiche 7).

L'action de la soude sur la solution fait apparaître un précipité vert. Il permet d'identifier la présence d'ions fer II, de formule chimique Fe^{2+}. Le métal utilisé est donc du fer.

2 Identifie et nomme le gaz obtenu lors de cette transformation chimique.

Le gaz formé est le dihydrogène, de formule chimique H_2. En présence d'une flamme, il brûle en produisant une légère détonation.

3 Écris le bilan de cette transformation chimique, repère les réactifs et les produits, puis écris son équation simplifiée de réaction.

Acide chlorhydrique + fer	→	Dihydrogène + chlorure de fer II
Réactifs		*Produits*

L'équation de réaction est :

$$2H^+ + Fe \rightarrow H_2 + Fe^{2+}$$

4 Utilise tes connaissances pour justifier la phrase : **« Le pH de la solution passe de 2,2 à 3,4 lors de cette transformation chimique. »**

Le pH a augmenté lors de cette transformation chimique. La solution est « moins acide », car les ions H^+, responsables de l'acidité de la solution, disparaissent. Les ions H^+ font partis des réactifs.

5 La variation du pH aurait-elle été plus importante si le métal utilisé était le cuivre ?

Le cuivre ne réagit pas avec l'acide chlorhydrique. Les ions H^+ ne disparaissant pas, la valeur du pH ne sera pas modifiée.

Les mouvements

1 Étude d'un mouvement

Avant de décrire un mouvement, il faut d'abord définir le **référentiel** dans lequel on va l'étudier. Le plus souvent, on utilise le sol comme référentiel.

2 La trajectoire d'un objet

- La trajectoire d'un point d'un objet est l'ensemble des positions occupées par ce point lors du mouvement de l'objet.
- Lorsqu'un objet effectue une translation (déplacement linéaire), on parle de **mouvement rectiligne**.
- Lorsqu'un objet effectue une rotation, on parle de **mouvement circulaire**.

3 La chronophotographie

Une **chronophotographie** représente, à intervalles de temps égaux rapprochés, les positions d'un objet en mouvement. Elle permet de comparer les distances parcourues pendant ces intervalles de temps et ainsi de décrire l'allure du mouvement.

A Le mouvement uniforme

Les distances parcourues pendant des durées égales sont égales.
La vitesse est constante.

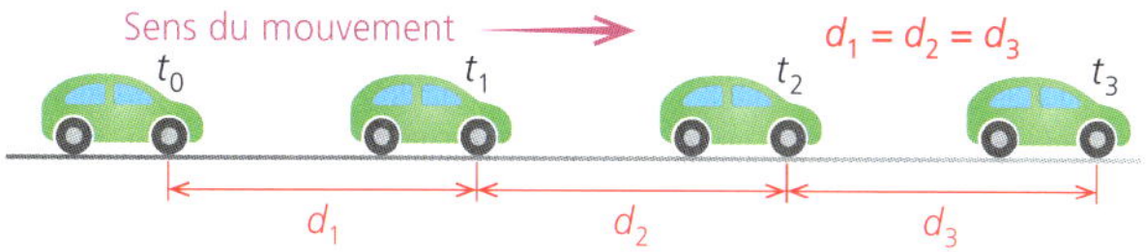

B Le mouvement accéléré

Les distances parcourues pendant des durées égales augmentent.

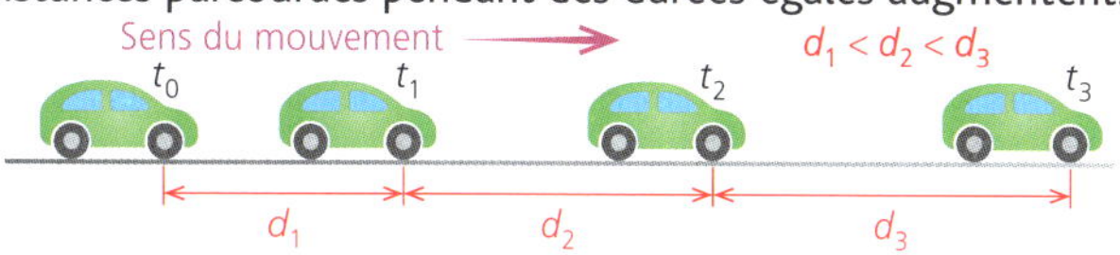

C Le mouvement ralenti

Les distances parcourues pendant des durées égales diminuent.

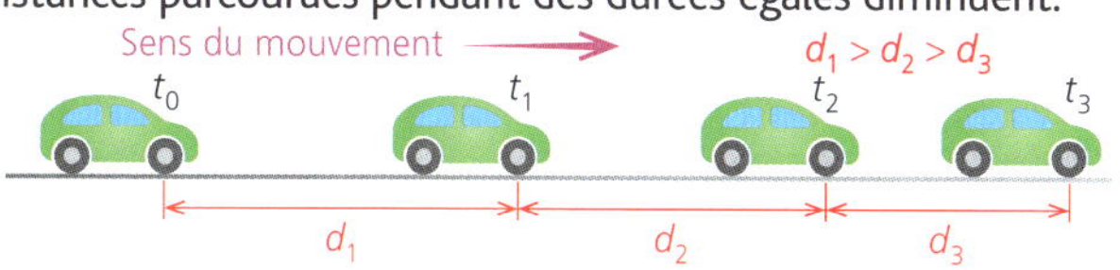

4 La relativité du mouvement

Un objet peut être en mouvement dans un référentiel et immobile dans un autre : on dit que le mouvement est **relatif**.

ex. : Par rapport à la route (le sol), les passagers d'une voiture sont en mouvement. Par rapport à la voiture, les passagers sont immobiles. Le mouvement des passagers est donc relatif.

Sujet type corrigé

1 On étudie les personnages A, B et C par rapport au sol, puis par rapport à l'escalator. **Indique, pour chaque référentiel, si le personnage est immobile ou s'il est en mouvement.**

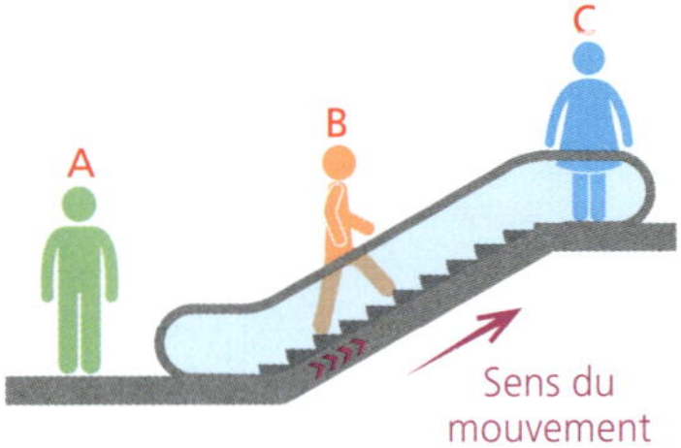

Plaçons-nous dans le référentiel sol (on imagine être à côté de A par exemple). Dans ce référentiel, A est immobile, et B et C s'éloignent : ils sont en mouvement.
Plaçons-nous maintenant dans le référentiel escalator (on imagine être sur l'escalator). Dans ce référentiel, A et B s'éloignent : ils sont en mouvement (B marche sur l'escalator). Le personnage C est immobile.

2 **Utilise les chronophotographies pour décrire l'allure de chaque mouvement.** Justifie ta réponse par une phrase.

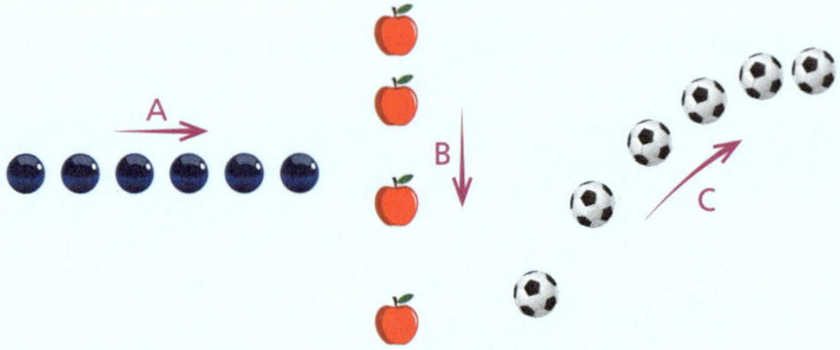

Le mouvement A est uniforme, car les distances parcourues pendant des durées égales sont égales. Le mouvement B est accéléré (les distances parcourues augmentent). Le mouvement C est ralenti (les distances parcourues diminuent).

Vitesse et énergie cinétique

1 La vitesse d'un objet

• La **vitesse moyenne** v **d'un objet** est le quotient de la distance parcourue d par la durée Δt du parcours. Dans le Système international des unités, la vitesse s'exprime en mètre par seconde (m/s). La vitesse peut aussi s'exprimer en kilomètre par heure (km/h).

Attention : un radar de vitesse ne mesure pas une vitesse moyenne, mais une vitesse à un instant donné.

$$\mathbf{v} = \frac{\mathbf{d}}{\mathbf{\Delta t}}$$

vitesse (m/s) → v ; d ← distance (m) ; Δt ← durée (s)

• En modifiant la formule permettant de calculer la vitesse moyenne d'un objet, on peut :

- calculer une distance d : on a $d = v \times \Delta t$;
- calculer une durée Δt : on a $\Delta t = \frac{d}{v}$.

• Pour définir une vitesse, il faut préciser sa valeur, sa direction et son sens.

2 Convertir des distances, des durées, des vitesses

1 kilomètre = 1 000 mètres
1 heure = 60 minutes
1 minute = 60 secondes
1 heure = 3 600 secondes

km/h (kilomètre par heure) → ÷ 3,6 → m/s (mètre par seconde)

m/s (mètre par seconde) → × 3,6 → km/h (kilomètre par heure)

3 L'énergie cinétique

Lorsqu'un corps est en mouvement (par exemple lorsqu'un corps chute), il possède de l'énergie. Cette énergie, appelée **énergie cinétique**, de symbole E_c, dépend de la vitesse du corps et de sa masse.

Elle s'obtient par la formule ci-contre.

L'unité légale de l'énergie est le **joule**, de symbole J. Il est aussi possible d'utiliser le kilojoule (kJ). 1 kJ = 1 000 J = 10^3 J.

$$E_c = \frac{1}{2} m \cdot v^2$$

E_c : J ; m : kg ; v : m/s

Sujet type corrigé

Une voiture de masse 900 kg a parcouru une distance de 440 kilomètres en 3 heures 30 minutes sur autoroute.

1 Rappelle la formule permettant de calculer la vitesse moyenne, puis calcule la vitesse de la voiture. Arrondis ton résultat au dixième.

La formule pour calculer la vitesse est : $v = \dfrac{d}{\Delta t}$
avec d = 440 km
et Δt = 3 h 30 min soit 3,5 h.
$v = \dfrac{d}{\Delta t} = \dfrac{440}{3{,}5} \approx 125{,}7$ km/h.

2 Convertis cette vitesse en m/s. Arrondis ton résultat au dixième.

Pour convertir une vitesse de km/h en m/s, on divise par 3,6.
Le calcul précédent étant déjà arrondi, on va réutiliser l'expression littérale précédente pour effectuer la conversion.
v = (440/3,5)/3,6 soit $v \approx 34{,}9$ m/s.

3 Quelques jours après son voyage, l'automobiliste reçoit une contravention. Il a été flashé à 138 km/h. **Est-ce possible ?**

Le calcul précédent est une vitesse moyenne. Le radar mesure une vitesse a un instant donné. Le véhicule a donc pu commettre cette infraction.

4 Sur une portion d'autoroute, la vitesse est réduite à 110 km/h. Ce ralentissement dure 30 minutes. **Quelle distance a parcouru la voiture ?**

La durée est exprimée en minutes, il faut la convertir en heure :
30 minutes = 30/60 = 0,5 heure.
On applique la formule $d = v \times \Delta t$ avec v = 110 km/h et Δt = 0,5 h.
$d = v \times \Delta t$ = 110 x 0,5 = 55 km. D'où d = 55 km.

5 Rappelle la formule permettant de calculer l'énergie cinétique d'un corps, puis calcule l'énergie cinétique d'une voiture roulant à une vitesse de 54 km/h. Convertis ensuite ton résultat en kilojoule.

$E_c = \dfrac{1}{2} \times m \times v^2$ avec m = 900 kg et v = 54 km/h.
La vitesse doit être exprimée en m/s. Il faut donc la convertir :
54 km/h = 54/3,6 = 15 m/s.
$E_c = \dfrac{1}{2} \times 900 \times 15^2$. E_c = 101 250 J.
1 kJ = 1000 J, donc pour obtenir le résultat en kilojoule, il faut diviser par 1 000 le résultat précédent.
$E_c = \dfrac{101\,250}{1\,000} = 101{,}25$ kJ.

Action mécanique et force

1 Les effets d'une action mécanique

Une **action mécanique** exercée par un objet sur un autre objet peut mettre l'objet en mouvement, modifier sa trajectoire ou sa vitesse. Elle peut aussi le déformer. Ces effets peuvent se cumuler.

2 Différents types d'interactions

On distingue deux types d'actions mécaniques :

• les **actions de contact** : l'action s'exerce par contact entre l'acteur et le receveur. Ce contact peut être localisé ou réparti sur toute une surface ;

• les **actions à distance** : l'action s'exerce sans contact entre l'acteur et le receveur. Elle est répartie sur tout l'objet. Une action à distance peut être d'origine magnétique, électrique ou liée à l'attraction de la Terre.

3 Décrire une action mécanique

• Une action mécanique peut être décrite par une **force** (notée F), qui se caractérise par quatre paramètres : son point d'application, sa direction, son sens et sa valeur.

• La valeur d'une force s'exprime en **newton** (N) ou en **kilo-newton** (1 kN = 1 000 N) et se mesure avec un dynamomètre.

4 Représenter une action mécanique

Sur un schéma, une force peut être représentée par un segment fléché (appelé vecteur) dont les caractéristiques sont :

• Origine : le point d'application de la force ;

• Direction : la direction de la force ;

• Sens : le sens de la force ;

• La longueur du segment fléché est proportionnelle à la valeur de la force.

ex. : La force exercée par la voiture sur la caravane se note $F_{v/c}$.
$F_{v/c}$ = 1 500 N et $F_{v/c}$ mesure 1,5 cm avec l'échelle :
1 cm ↔ 1 000 N.

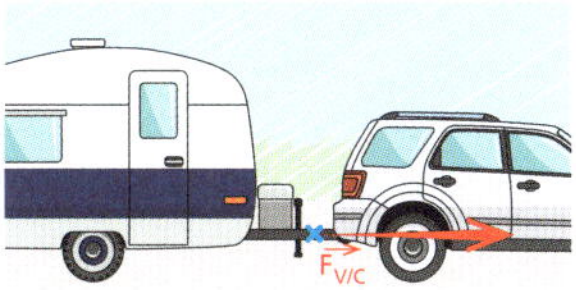

Sujet type corrigé

1 Au décollage, une fusée reçoit une force de 12 000 kN.
Cette poussée permet à la fusée de s'élever à la verticale.

a) Quelles actions mécaniques s'exercent sur la fusée ?

Le moteur exerce une action sur la fusée.
La Terre exerce une action sur la fusée.

b) Décris l'interaction entre la fusée et la Terre.

L'interaction entre la fusée et la Terre est une action à distance, répartie sur toute la fusée.

c) Détermine les quatre caractéristiques de la force exercée par le moteur sur la fusée.

Les quatre caractéristiques de cette force sont : 1) Point d'application : le centre du moteur. 2) Direction : verticale. 3) Sens : vers le haut. 4) Valeur : 12 millions de newtons.

d) Représente la force avec l'échelle : 1 cm = 6 000 kN.

$F_{m/f}$ = 12 000 kN or 1 cm = 6 000 kN.
Il faut représenter un segment fléché de 2 cm de longueur.
$\vec{F}_{m/f}$ mesure 2 cm.

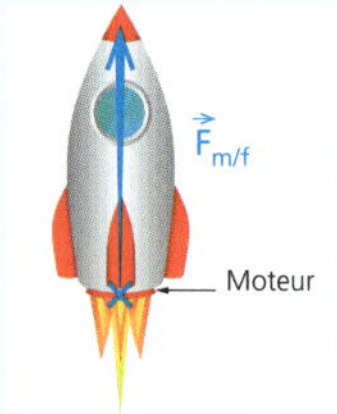

(Le schéma n'est pas à l'échelle.)

2 **Définis le type d'action représentée ci-contre et détermine ses caractéristiques.**

L'action du marteau sur le clou $F_{m/c}$ a pour caractéristiques :
– Point d'application : contact marteau-clou, donc le point B.
– Direction : verticale.
– Sens : vers le bas.

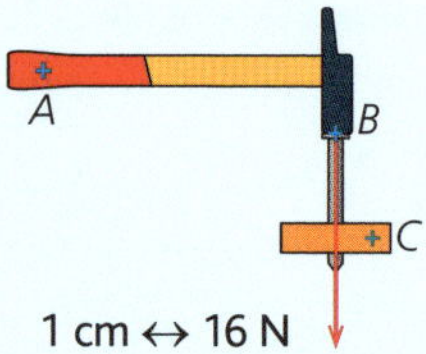

Pour déterminer la valeur de la force, on mesure le segment fléché. On trouve 1,5 cm.
Or l'échelle indique 1 cm =16 N.
La valeur de la force est donc $F_{m/c}$ = 1,5 × 16 soit $F_{m/c}$ = 24 N.

Univers et gravitation universelle

1 Description de l'Univers

• L'Univers – âgé d'environ 15 milliards d'années – est constitué de plusieurs centaines de milliards de **galaxies** réunies en amas. Entre ces galaxies règne le vide.

• Le **Soleil** est l'une des 100 milliards d'étoiles qui composent notre Galaxie : la **Voie lactée**.

2 Le système solaire

Le système solaire s'est formé il y a environ 4,6 milliards d'années. Il est composé de **8 planètes** (Mercure, Vénus, Terre, Mars, Jupiter, Saturne, Uranus et Neptune), qui gravitent autour d'une étoile : le Soleil.

3 La matière et l'Univers

• Les éléments chimiques qui composent l'Univers, et donc la Terre, ont pour origine l'explosion originelle. Elle peut être décrite par la **théorie du Big Bang**.

• L'**hydrogène** et l'**hélium**, principaux constituants de l'Univers, existent depuis le début de l'Univers. Les autres éléments plus lourds (comme l'oxygène, le carbone, le fer, le silicium) ont été fabriqués par les réactions thermonucléaires au sein des étoiles.

4 La loi de gravitation universelle

Deux corps A (de masse m_A) et B (de masse m_B), séparés par une distance d, exercent l'un sur l'autre une action attractive dont la valeur est obtenue par la formule :

$$\underset{\text{N}}{F_{A/B}} = F_{B/A} = \frac{\overset{\text{N}\cdot\text{m/kg}}{G} \times (\overset{\text{kg}}{m_A} \times \overset{\text{kg}}{m_B})}{\underset{\text{m}}{d^2}}$$

où G est la constante de gravitation.
$G = 6{,}67 \times 10^{-11}$ unités SI, m en kilogramme et d en mètre.
Cette interaction, appelée gravitation, gouverne tout l'Univers.

5 Les distances dans l'Univers

L'**année-lumière** (a.l.) est l'unité de longueur utilisée pour mesurer les distances dans l'Univers. Elle correspond à la distance parcourue par la lumière en une année : 9 500 milliards de kilomètres.

$$\mathbf{1\ a.l. \approx 9{,}5 \times 10^{12}\ km}$$

Sujet type corrigé

1 Explique de manière simple la formation de l'Univers et des éléments qui le composent, puis décris sa structure.

– L'Univers et les éléments chimiques qui le composent ont pour origine le Big Bang. Les principaux constituants de l'Univers sont l'hydrogène et l'hélium.
– L'Univers s'est formé il y a environ 15 milliards d'années. Il est constitué de centaines de milliards de galaxies réunies en amas. Notre système solaire est contenu dans l'une d'entre elle : la Voie lactée.

2 La Terre exerce une action à distance sur la Lune. La distance moyenne entre les centres des deux astres est de 384 400 km.
Utilise la loi de gravitation pour calculer la valeur de la force d'attraction exercée par la Terre sur la Lune.
Données : masse Terre : $5,98 \times 10^{24}$ kg
masse Lune : $7,35 \times 10^{22}$ kg

On applique la loi de gravitation.

$$F_{Terre/Lune} = G \times \frac{m_{Terre} \times m_{Lune}}{d^2_{Terre\text{-}Lune}}$$

La distance Terre-Lune doit être convertie en mètres.
d = 384 400 km, soit $384\,400 \times 10^3$ m = $3,84 \times 10^8$ m.

$$F_{Terre/Lune} = 6,67 \times 10^{-11} \times \frac{5,98 \times 10^{24} \times 7,35 \times 10^{22}}{(3,84 \times 10^8)^2}$$

$F_{Terre/Lune} \approx 1,99 \times 10^{20}$ newtons.

3 Dans la constellation de la Lyre, on peut observer une étoile très brillante : Véga. Elle se trouve à une distance de $2,37 \times 10^{14}$ km de la Terre.
Calcule, en années-lumière, la distance entre la Terre et Véga.

L'année-lumière (a.l.) est la distance parcourue par la lumière en une année, soit 9 500 milliards de kilomètres :

$$1 \text{ a.l.} \approx 9,5 \times 10^{12} \text{ km.}$$

Pour convertir une distance en années-lumière, il faut diviser cette distance par $9,5 \times 10^{12}$ km.

$$d_{Terre\text{-}Véga} = \frac{2,37 \times 10^{14}}{9,5} \times 10^{12} \text{ soit } d_{Terre\text{-}Véga} \approx 25 \text{ a.l.}$$

La distance entre la Terre et Véga est d'environ **25 années-lumière**.

Masse et poids d'un corps

1 Masse d'un objet

La **masse** d'un objet correspond à la **quantité de matière** qui compose cet objet. La masse se mesure avec une balance et s'exprime en kilogramme (kg). La **masse** est **invariable** : elle ne dépend pas du lieu de la mesure.

2 Poids d'un objet

La Terre exerce une **action attractive**, à distance, sur tous les corps placés à son voisinage. Cette force est appelée « le **poids** » du corps. Le poids varie selon le lieu de la mesure. Il se mesure avec un dynamomètre et s'exprime en newton. Il se calcule par la formule :

$$P = m \times g$$

N kg N/kg

g est l'intensité de la pesanteur en newton par kilogramme (N/kg).
Sur Terre, g = 9,8 N/kg ; sur la Lune, g = 1,6 N/kg.

3 Représentation du poids

Sur un schéma, le poids peut être représenté par un **segment fléché, noté** $\vec{P}$. Il a pour point d'application : le centre de gravité de l'objet ; pour direction la verticale du lieu ; et pour sens : dirigé vers le bas. Sa longueur est proportionnelle à la valeur du poids *P*.

Sujet type corrigé

1 Sur un sac de ciment, on peut lire l'indication suivante : « Poids = 35 kg ». **Explique d'abord la différence entre poids et masse, puis modifie l'indication portée sur le sac afin qu'elle soit scientifiquement correcte.**

– La masse du sac correspond à la quantité de matière qui compose le sac. Elle s'exprime en kilogramme. Le poids du sac est l'action attractive à distance exercée par la Terre sur le sac, il s'exprime en newton.
– L'information n'est pas correcte, car elle correspond à la masse. Il faut écrire : « Masse = 35 kg. »

2 Le 21 juillet 1969, Neil Armstrong (qui pesait 70 kg) est le premier homme à poser le pied sur la Lune. Pour cette mission, il portait une combinaison spatiale de 72 kg.

a) **Explique pourquoi Neil Armstrong a eu plus de facilité à se déplacer sur la Lune que sur la Terre.**

La masse de l'astronaute avec son équipement est de :

$$m = 70 + 72 = 142 \text{ kg.}$$

Sur Terre, le poids de l'astronaute est de $P = 142 \times 9,8 \approx 1\,392$ N.
Sur la Lune, le poids de l'astronaute est $P = 142 \times 1,6 \approx 227$ N.
On compare alors les deux valeurs du poids : $1\,392/227 \approx 6$
Le poids sur la Lune est six fois plus faible que sur la Terre, c'est pourquoi Neil Armstrong avait plus de facilité à se déplacer sur la Lune que sur la Terre.

b) **Détermine les caractéristiques du poids de l'astronaute, puis représente le poids de l'astronaute sur la Lune par un segment fléché** (échelle 1 cm ⇔ 100 N).

Les caractéristiques du poids sont :
– Point d'application : le centre de gravité de l'astronaute.
– Direction : verticale.
– Sens : dirigé vers le bas.
– Valeur : 227 newtons.
Le segment fléché aura donc pour longueur $227/100 \approx 2,3$ cm.

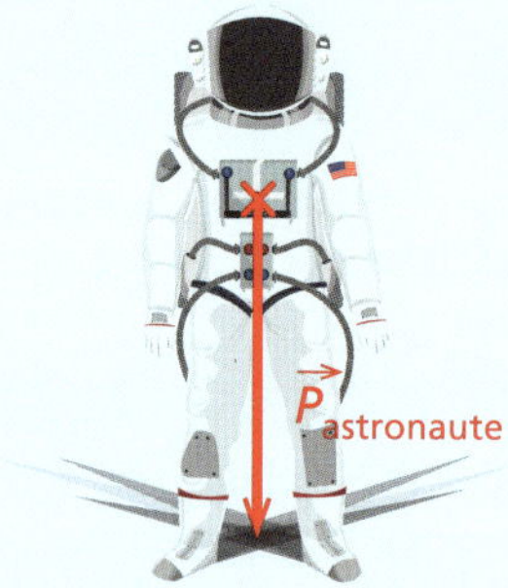

3 Un container de 3 500 kg a un poids de 34 303,5 newtons. **Utilise les données du tableau afin de déterminer le lieu de la mesure du poids.**

Ville	Intensité de la pesanteur
Paris	$9,809 \text{ N}\cdot\text{kg}^{-1}$
Madrid	$9,801 \text{ N}\cdot\text{kg}^{-1}$
Rome	$9,803 \text{ N}\cdot\text{kg}^{-1}$

$P = m \times g$ donc $g = P/m$.
$g = 34\,303,5/3\,500$ et $g = 9,801$ N/kg.
En comparant cette valeur à celles du tableau, on peut dire que la mesure a été effectuée à Madrid.

Tension et intensité électriques

1 Les différents types de circuit

Un **circuit électrique** contient un **dipôle** générateur (pile, photopile, batterie, générateur) relié à des dipôles récepteurs (lampe, diode, DEL, moteur...) par des fils de connexion. Les dipôles peuvent être reliés **en série** ou **en dérivation**.

2 La tension électrique

La **tension électrique** ***U*** s'exprime en **volt** (V). Elle se mesure avec un **voltmètre** branché en dérivation aux bornes du dipôle à étudier.

A Loi d'additivité des tensions

Dans un circuit en série, la tension aux bornes du générateur est **égale à la somme des tensions** aux bornes des autres dipôles.

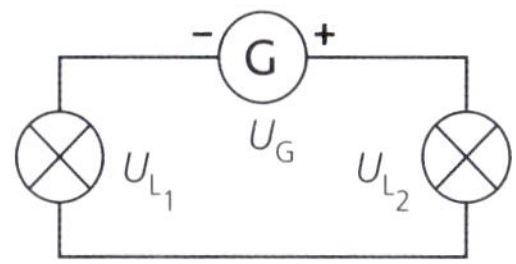

$U_G = U_{L_1} + U_{L_2}$

B Loi d'unicité des tensions

Dans un circuit monté en dérivation, la tension aux bornes des dipôles est **la même**.

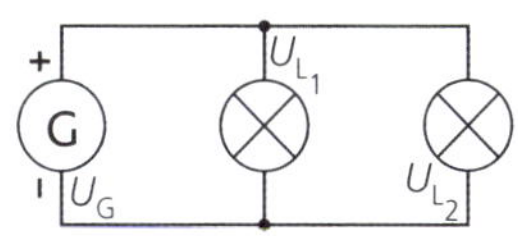

$U_G = U_{L_1} = U_{L_2}$

3 L'intensité électrique

L'**intensité électrique** ***I*** s'exprime en ampère (A). Elle se mesure avec un **ampèremètre** branché en série dans le circuit.

A Loi d'unicité des intensités

L'intensité est la même en tout point d'un circuit monté en **série**.

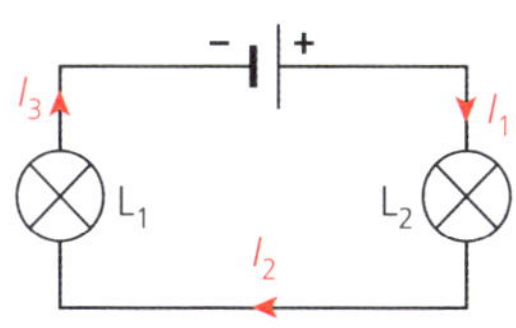

$I_1 = I_2 = I_3$

B Loi d'additivité des intensités

Dans un circuit monté en dérivation, l'intensité du courant dans la branche principale est égale à la somme des intensités des branches dérivées.

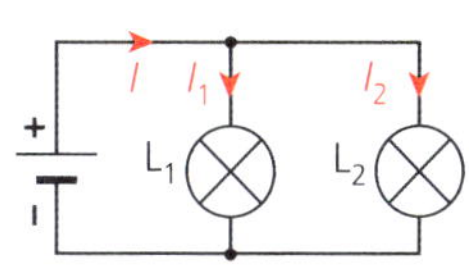

$I = I_1 + I_2$

Sujet type corrigé

Dans ce circuit, la tension aux bornes du générateur est de 12 volts. La lampe reçoit une tension de 5 volts.

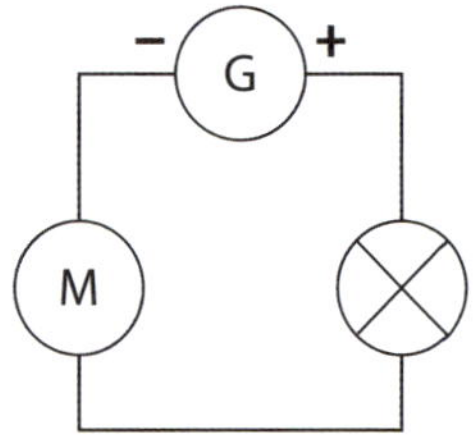

1 Observe le schéma électrique ci-contre et :

a) **détermine la nature du circuit** ;

b) **écris la liste des dipôles présents dans ce circuit** ;

c) **explique comment on peut mesurer la tension reçue par le moteur.**

a) Les dipôles se trouvent tous sur la même boucle, donc il s'agit d'un circuit en série.

b) Les dipôles utilisés sont un générateur, une lampe et un moteur.

c) Pour mesurer la tension aux bornes du générateur, on doit brancher un voltmètre en dérivation sur les bornes du générateur.

2 **Énonce la loi des tensions de ce circuit, puis calcule la tension reçue par le moteur.**

C'est un circuit en série, donc on applique la loi d'additivité des tensions.

$U_{\text{générateur}} = U_{\text{moteur}} + U_{\text{lampe}}$ d'où $U_{\text{moteur}} = U_{\text{générateur}} - U_{\text{lampe}}$

$U_{\text{moteur}} = 12 - 5$, soit $U_{\text{moteur}} = 7$ volts

3 On branche une seconde lampe en dérivation sur celle déjà présente dans le circuit. **Quelle tension va recevoir chacune des deux lampes ? Justifie ta réponse.**

Les deux lampes sont branchées en dérivation. On sait que la tension aux bornes de dipôles montés en dérivation est la même. C'est la loi d'unicité des tensions. La lampe 2 va donc recevoir la même tension que la lampe 1, soit 5 volts.

4 On souhaite mesurer l'intensité électrique dans le circuit.
Quel appareil doit-on utiliser ? Comment doit-on le brancher ?

Pour mesurer l'intensité du courant, on doit utiliser un ampèremètre. Il doit se brancher en série dans le circuit.

5 **L'intensité du courant entre la lampe et le générateur est de 0,25 A. Détermine l'intensité du courant entre la lampe et le moteur. Justifie ta réponse.**

C'est un circuit en série, donc l'intensité est la même à tous les points du circuit. L'intensité entre le moteur et la lampe sera donc de 0,25 A.

Résistance électrique et loi d'Ohm

1 Rôle du conducteur ohmique

• Un **conducteur ohmique** est un dipôle qui permet de diminuer l'intensité du courant dans un circuit série. Il est caractérisé par sa **résistance électrique** R. L'unité de la résistance est l'**ohm**, de symbole Ω. Dans ce circuit série, l'intensité diminue quand la résistance du conducteur ohmique augmente.

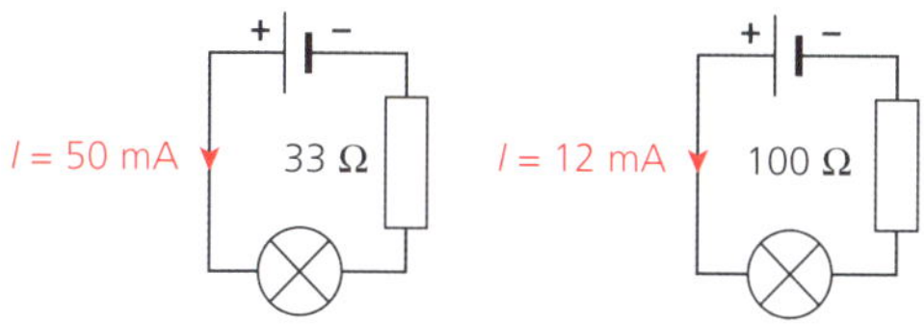

• La résistance électrique R se mesure avec un **ohmmètre**, branché aux bornes du conducteur ohmique. Attention, le dipôle doit être déconnecté du circuit lors de la mesure de sa résistance. La résistance peut aussi s'exprimer en kilo-ohm : 1 kΩ = 1 000 Ω.

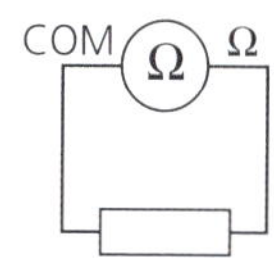

2 La caractéristique d'un dipôle

• La **caractéristique d'un dipôle** est un graphique qui représente la tension aux bornes d'un dipôle en fonction de l'intensité du courant qui le traverse.

• Dans le cas d'un conducteur ohmique, la caractéristique est une droite passant par l'origine. La tension aux bornes d'un conducteur ohmique est donc proportionnelle à l'intensité du courant qui le traverse.

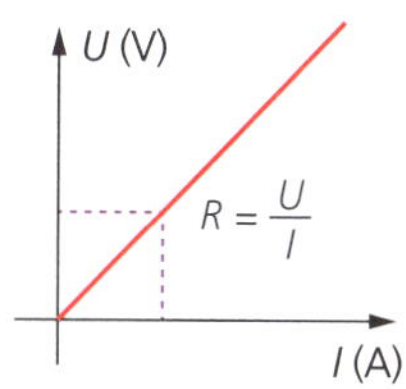

3 La loi d'Ohm

La tension U aux bornes d'un conducteur ohmique est égale au produit de sa résistance R par l'intensité du courant I qui le traverse.

$$U = R \times I$$

tension (V) – résistance (Ω) – intensité (A)

La relation peut aussi s'écrire : $R = \frac{U}{I}$ où $I = \frac{U}{R}$.

Sujet type corrigé

1 a) Utilise la caractéristique ci-dessous afin d'identifier le dipôle et déterminer sa résistance électrique.

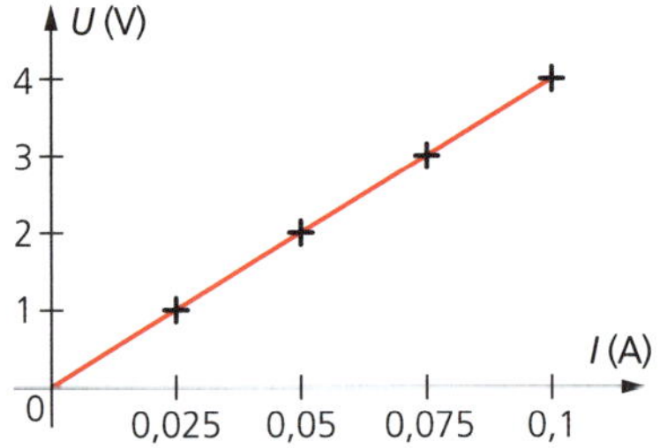

La caractéristique de ce dipôle est une droite passant par l'origine. Le dipôle est donc un conducteur ohmique. Il répond alors à la loi d'Ohm. On relève un couple de points sur le graphique. Par exemple, pour $U = 3$ V, on lit $I = 0{,}075$ A. Appliquons la loi d'Ohm : $U = R \times I$ donc $R = \frac{U}{I} = \frac{3}{0{,}075} = 40$.
La résistance électrique de ce conducteur ohmique est de 40 ohms.

b) On place ce conducteur ohmique en série dans un circuit contenant une pile et une lampe. **Explique comment va varier l'éclat de la lampe ainsi que l'intensité du courant dans le circuit.**

Le rôle d'un conducteur ohmique est de diminuer l'intensité du courant dans un circuit série. L'intensité du courant étant plus faible, l'éclat de la lampe sera donc aussi plus faible.

2 a) Un conducteur ohmique de résistance $R = 220\ \Omega$ est parcouru par un courant de 0,04 A. **Calcule la tension aux bornes de ce dipôle.**

On applique la loi d'Ohm : $U = R \times I$
$U = 220 \times 0{,}04$ et $U = 8{,}8$ V.

b) La tension aux bornes d'un conducteur ohmique de résistance $R = 1{,}2\ \text{k}\Omega$ est de 2,4 V. **Calcule l'intensité du courant qui le traverse.**

Il faut convertir la résistance en ohm : $1{,}2\ \text{k}\Omega = 1\,200\ \Omega$.
$I = \frac{U}{R}$
$I = \frac{2{,}4}{1\,200}$
$I = 0{,}002$ A, soit 2 mA.

Puissance et énergie électrique

Fiche 17

Physique-Chimie

1 Puissance nominale d'un appareil

La **puissance nominale** d'un appareil est la puissance électrique qu'il reçoit en fonctionnement normal.

La puissance électrique s'exprime en watt (W) ou en kilowatt (kW). 1 kW = 1 000 W.

2 Calcul de la puissance électrique

- **La puissance reçue par un appareil électrique est égale au produit de la tension qu'il reçoit par l'intensité du courant qui le traverse.**

$$P = U \times I$$

puissance (W) — tension (V) — intensité (A)

- La puissance reçue par une installation électrique est égale à la somme des puissances des appareils fonctionnant simultanément.

3 Protection d'une installation

Un **fusible** permet de protéger un appareil ou une installation contre une surintensité. Son rôle est d'ouvrir le circuit (en fondant) lorsque l'intensité du courant dépasse sa valeur.

ex. : Un fusible de 10 A va fondre si l'intensité qui le traverse dépasse 10 ampères.

4 Énergie électrique

L'énergie électrique transférée à un appareil est égale au produit de sa puissance P par la durée de fonctionnement Δt.

L'unité légale d'énergie est le **joule** (J).

$$E = P \times \Delta t$$

J — W — s

5 Facturer l'énergie

La facture électrique est établie à partir des relevés du compteur électrique. Le montant de la consommation est égal au produit de l'énergie consommée par le prix du kWh. À ce montant, il faudra ajouter le prix de l'abonnement, les taxes locales et la TVA. L'unité utilisée pour facturer l'énergie électrique est le **wattheure** (Wh).

À noter : 1 wattheure = 3 600 wattsecondes = 3 600 Joules.

Sujet type corrigé

Dans une entreprise, chaque bureau possède un équipement informatique composé d'un ordinateur, d'un écran, d'une imprimante, d'une paire de haut-parleurs et d'une lampe de bureau.

	Puissance
Ordinateur	90 W
Écran LCD	70 W
Imprimante	10 W
Haut-parleurs	20 W

1 L'écran de l'ordinateur porte l'étiquette : 240 V 70 W . **Donne le nom des deux grandeurs figurant sur l'étiquette en précisant les unités utilisées.**

240 V : tension nominale en volt.
70 W : puissance nominale en watt.

2 **Calcule la puissance reçue par la lampe de bureau** sachant qu'elle est alimentée par une tension de 240 V et parcourue par un courant de 0,25 A.

$P = U \times I$ soit $P = 240 \times 0{,}25$ soit $P = 60$ W.
La puissance reçue par la lampe de bureau est de 60 watts.

3 **Vérifie que la puissance totale consommée par l'installation électrique est de 250 W.**

La puissance totale s'obtient en effectuant la somme des puissances des appareils en fonctionnement.
$P_{totale} = P_{ordinateur} + P_{écran} + P_{imprimante} + P_{haut\text{-}parleurs} + P_{lampe.}$
$P_{totale} = 90 + 70 + 10 + 20 + 60 = 250$ W.

4 **Calcule, en wattheure puis en kilowattheure, l'énergie totale consommée par cette installation en une journée.**

$E = P \times \Delta t$.
Pendant 24 heures : $E = P_{totale} \times \Delta t = 250 \times 24 = 6\,000$ Wh.
Énergie totale consommée : $E_{totale} = 6\,000 / 1\,000$ kWh, soit 6 kWh.

5 Pour économiser de l'énergie, les appareils sont éteints la nuit (dix heures par jour). **Estime l'économie d'argent réalisée en une année sachant que 1 kWh est facturé 0,12 €.**

Pour un arrêt de 10 heures, l'énergie économisée est :

$$E_{jour} = 250 \times 10 = 2\,500 \text{ Wh.}$$

Pour une année, l'énergie économisée sera de :
$E_{année} = E_{jour} \times 365 = 2\,500 \times 365 = 912\,500$ Wh, soit 912,5 kWh.
L'économie réalisable en une année est donc de :

$$912{,}5 \times 0{,}12 = 109{,}50 \text{ euros.}$$

L'énergie sous toutes ses formes

1 Les sources d'énergie

• Une **source d'énergie** est un phénomène ou une matière première pouvant être exploités (dans des centrales hydrauliques, thermiques, nucléaires, éoliennes...) afin d'obtenir une forme d'énergie utilisable par l'homme.

ex. : Le Soleil, la gravité terrestre, le vent, l'eau en mouvement, la géothermie, l'atome...

• Une énergie est dite **renouvelable** si son utilisation n'entraîne pas la diminution de sa réserve.

• **Sources d'énergie renouvelables** : le Soleil, le vent, l'eau, la chaleur du sol (géothermie), la biomasse, le bois.

• **Sources d'énergie non renouvelables :** le charbon, le gaz, le pétrole, l'uranium.

2 Les formes d'énergie

L'énergie peut exister sous différentes formes. On distingue par exemple l'énergie électrique, chimique, thermique, lumineuse, nucléaire, cinétique, potentielle...

3 Transfert et conversion de l'énergie

• Lorsque l'énergie d'un corps passe vers un autre corps, il y a **transfert d'énergie** : on parle de chaleur dans le cas d'un transfert thermique.

• L'énergie ne se crée pas et ne se perd pas. **Elle se conserve.** L'énergie peut être convertie d'une forme à une autre grâce à un convertisseur.

ex. : La bouilloire électrique convertit l'énergie électrique en énergie thermique.

4 Bilan énergétique d'un système

• Pour réaliser le bilan énergétique d'un système/objet, on construit une **chaîne (ou diagramme) d'énergie**.

• Le système/l'objet est représenté par un cercle et les énergies mises en jeu par des flèches.

5 | L'énergie mécanique d'un corps

- Au voisinage de la Terre, un objet possède une **énergie de position E_p**. Cette énergie dépend de sa position et de la masse du corps.
- Un objet en mouvement possède une **énergie cinétique E_c**.
- L'**énergie mécanique E_M** d'un objet est égale à la somme de son énergie de position et de son énergie cinétique :

$$E_M = E_p + E_c.$$

Sujet type corrigé

Un ventilateur est branché sur une prise électrique. On se propose d'étudier les énergies mises en jeu lorsque cet appareil fonctionne.

1 L'électricité produite pour alimenter le ventilateur provient d'une centrale hydraulique. **Quelle source d'énergie est utilisée dans cette centrale ? S'agit-il d'une énergie renouvelable ?**

C'est la force de l'eau qui est utilisée dans une centrale hydraulique. L'eau est une énergie renouvelable, car l'utilisation de cette source d'énergie n'entraîne pas la diminution de sa réserve.

2 Cite une source d'énergie non renouvelable pouvant être utilisée pour produire de l'électricité.

On peut produire de l'électricité dans une centrale nucléaire. La source d'énergie utilisée est l'atome (uranium) : c'est une énergie non renouvelable.

3 Décris le fonctionnement du ventilateur en termes d'énergie, puis construis son diagramme d'énergie sachant qu'une partie de l'énergie qu'il reçoit est perdue sous forme de chaleur.

Le ventilateur est un convertisseur d'énergie : il transforme l'énergie électrique qu'il reçoit en énergie mécanique (les pales du ventilateur tournent). Une partie de l'énergie électrique est perdue sous forme d'énergie thermique (le moteur chauffe).

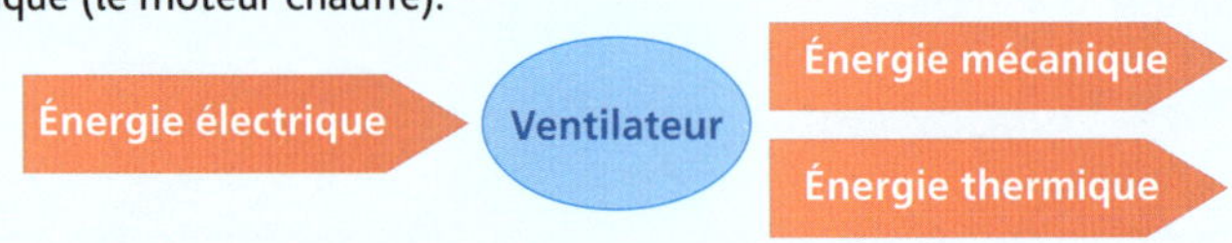

Signaux lumineux et sonores

1 Signaux sonores

• Un son a besoin d'un **milieu matériel** pour se propager. **Il ne peut donc pas se propager dans le vide**.

• La **vitesse du son** dépend du **milieu** dans lequel il se propage, ainsi que de la **température** de ce milieu. Dans l'air, le son se propage à 340 m/s (à 20 °C). Dans l'eau, le son se propage à 1 500 m/s. L'utilisation du son (ou de la lumière) permet d'émettre, de transporter un signal, donc une information.

• On appelle **fréquence sonore**, le nombre de vibrations à la seconde. La fréquence s'exprime en **hertz** (Hz). Elle se calcule par la formule $f = \frac{1}{T}$ (avec T en seconde). L'oreille humaine est sensible aux sons compris entre **20 Hz et 20 000 Hz**.

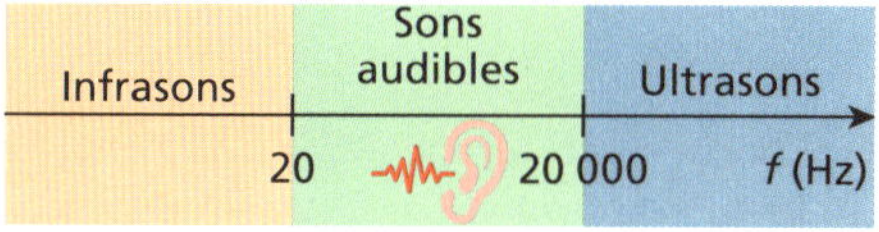

Échelle du son

2 Signaux lumineux

• Une **source primaire** produit la lumière qu'elle diffuse.

ex. : Le Soleil, les étoiles, une lampe, un laser, la flamme d'une bougie…

• Un **objet diffusant** (source secondaire) ne produit pas sa propre lumière. Il diffuse une partie de la lumière qu'il reçoit.

ex. : Les planètes, la Lune, un écran, un livre, un crayon…

• La lumière **se propage dans tous les milieux transparents** (air, verre, eau…), même dans le vide. Dans un milieu transparent et homogène, la lumière se propage en ligne droite. Son trajet est représenté par une droite appelée **rayon lumineux**. Un ensemble de rayons lumineux est appelé **faisceau**.

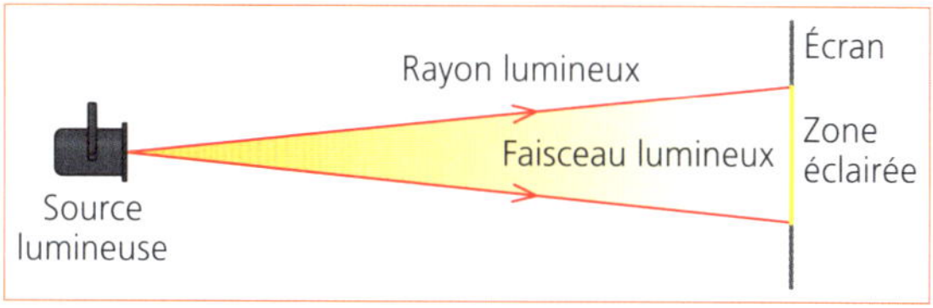

Propagation de la lumière

Sujet type corrigé

En mer Méditerranée, un bateau est à la recherche d'une épave grâce à un sonar utilisant des signaux sonores de fréquence 44 000 Hz. Après plusieurs recherches infructueuses, le sonar reçoit un signal réfléchi 0,64 seconde après l'émission.

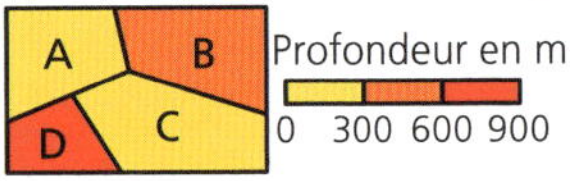

1 Dans quel milieu se propagent les signaux sonores émis par le sonar ? Sont-ils audibles par l'homme ? De quel type de sons s'agit-il ?

Les signaux sonores émis par le sonar se propagent dans l'eau. La fréquence de ces signaux est de 44 000 Hz. Ils ne sont pas audibles par l'homme, car l'oreille humaine est sensible aux sons compris entre 20 Hz et 20 000 Hz. Le sonar émet des ultrasons.

2 Utilise la formule suivante afin de déterminer la zone de recherche de l'épave :

$$d = \frac{\Delta t}{2} \times v$$

Δt : durée entre l'émission et la réception des ultrasons (en seconde).
d : la distance séparant le bateau de l'obstacle (en mètre).
v : vitesse des ultrasons dans l'eau.

On utilise la formule avec $\Delta t = 0{,}64$ s et $v = 1\,500$ m/s.
$d = (0{,}64 / 2) \times 1\,500$, soit $d = 480$ mètres.
L'épave repose à une profondeur de 480 mètres. La zone B correspond à une profondeur comprise entre 300 et 600 mètres. L'épave se trouve donc dans la zone B.

3 De nuit, pour revenir au port, le bateau se guide grâce à la lumière du phare. **Décris la nature de cette source lumineuse, puis explique pourquoi la lumière du phare peut guider le bateau.**

La lampe contenue dans le phare produit sa propre lumière, c'est une source primaire de lumière. La lumière issue du phare se propageant en ligne droite dans l'air, du phare vers le bateau, elle permet au bateau de se diriger en évitant les récifs.

4 Modélise le faisceau lumineux produit par le phare.

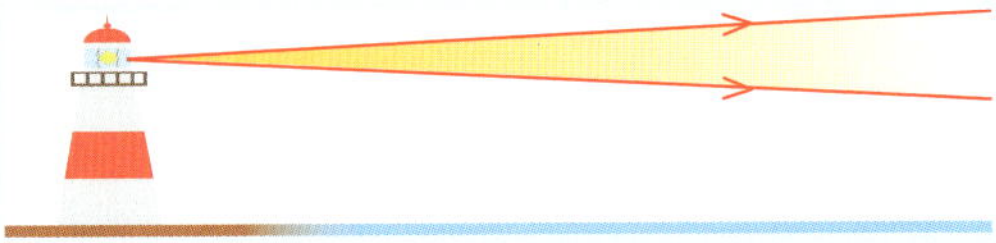

Matériaux et objets techniques

1 Les familles de matériaux

Un matériau est une matière (naturelle ou artificielle) que l'homme utilise pour fabriquer des objets. Il existe plusieurs familles de matériaux :

- Les **métaux** : fer, cuivre, plomb, aluminium, acier, or...
- Les **minéraux** : verre, roches, quartz, céramiques...
- Les **matières organiques** d'origine végétale (bois, liège, papier, carton, coton...) et d'origine animale (cuir, laine...).
- Les **plastiques** : polystyrène, PVC, nylon...
- Les **composites** : alliages, fibre de carbone...

2 Propriétés des matériaux

Le choix des matériaux est important dans la fabrication d'un objet technique. Un matériau se caractérise par différentes **propriétés** comme : sa masse volumique, sa résistance à la corrosion, sa dureté, son élasticité, sa conductibilité électrique (passage du courant électrique), sa conductibilité thermique (passage de la chaleur)...

3 Fonction d'usage, fonction d'estime d'un objet

- Un objet créé par l'homme répond à un besoin : c'est sa **fonction d'usage**.
- La **fonction d'estime** d'un objet est l'ensemble des caractéristiques de l'objet (prix, couleur, forme, esthétisme...) qui dépendent du goût de l'utilisateur.

ex. : Ces casques permettent de protéger le motard en cas de chute : c'est leur fonction d'usage. La couleur du casque est la fonction d'estime du casque.

4 Fonction technique d'un objet

La **fonction technique** correspond à l'ensemble des moyens mis en œuvre pour assurer la fonction d'usage de l'objet (propulsion, guidage, freinage...).

Sujet type corrigé

La scelle d'un scooter thermique est en PVC, le moteur est en aluminium et les phares en verre.
Masse volumique du fer : 7,9 g/cm^3
Masse volumique de l'aluminium : 2,7 g/cm^3

1 a) Identifie les familles correspondant à ces matériaux.
b) Détermine la fonction d'usage, la fonction d'estime et la fonction technique de ce scooter.

a) Le PVC fait partie de la famille des plastiques. L'aluminium fait partie de la famille des métaux. Le verre fait partie de la famille des minéraux.
b) Pour déterminer la fonction d'usage, on se pose la question : à quoi sert l'objet ? Le scooter sert à déplacer des personnes : c'est sa fonction d'usage.
Pour déterminer la fonction d'estime, on se pose la question : l'objet me plaît-il ? Pourquoi ? Ici la couleur du scooter, son design, son prix peuvent être des fonctions d'estime.
Pour déterminer la fonction technique, on se pose la question : Quelles actions doit remplir l'objet ? Le scooter doit pouvoir être mis en mouvement grâce à un moteur thermique, se diriger, freiner.

2 Le moteur du scooter est en aluminium et pas en fer.
Propose une justification à ce choix de matériau.

La masse volumique de l'aluminium est plus faible que celle du fer. Le moteur du scooter sera donc plus léger si on utilise de l'aluminium pour le fabriquer.

3 Quelle(s) fonction(s) ont en commun ces trois objets techniques ?

50 euros

10 000 euros

plusieurs millions d'euros

Les trois objets techniques permettent de se déplacer, ils ont donc la même fonction d'usage. Ils n'ont pas le même design ni le même prix, ils n'ont donc pas la même fonction d'estime. Les trois objets ne fonctionnent pas de la même manière, ils n'ont donc pas la même fonction technique.

Algorithme et organigramme

• Un **système technique** et un **automatisme** peuvent être décrit par un **algorithme** (description des tâches à effectuer). Cet algorithme peut être représenté graphiquement par un organigramme.

• L'**organigramme** est un mode de représentation graphique permettant de décrire les liaisons entre les différentes opérations devant être effectuées par l'automatisme. Il se compose de différentes cases possédant une fonction précise :

Début	Case qui indique le début du fonctionnement.
Action	Case qui décrit une action à effectuer.
Mesure	Case qui décrit une mesure à effectuer.
Question → OUI ; ↓ NON	Case test dans laquelle on indique une question. La question amène deux possibilités de réponses : OUI ou NON. Selon la réponse obtenue, on suit la branche « oui » ou « non ».
Fin	Case qui indique la fin éventuelle du fonctionnement.

Sujet type corrigé

Un thermomètre numérique peut être programmé pour effectuer des mesures de température et alerter l'utilisateur en cas de température excessive.

Construis l'organigramme correspondant à l'algorithme suivant :

Description de l'algorithme du thermomètre

> Début
> Saisie température maximale Tmax
> Mesure de la température T
> $T < T_{max}$?
>   Oui : Mesure de la température
>   Non : Déclenchement de l'alarme
>   Désactivation de l'alarme
>   Oui : Éteindre l'alarme
>   Saisie température T_{max}
>   Non : Alarme sonore désactivée ?

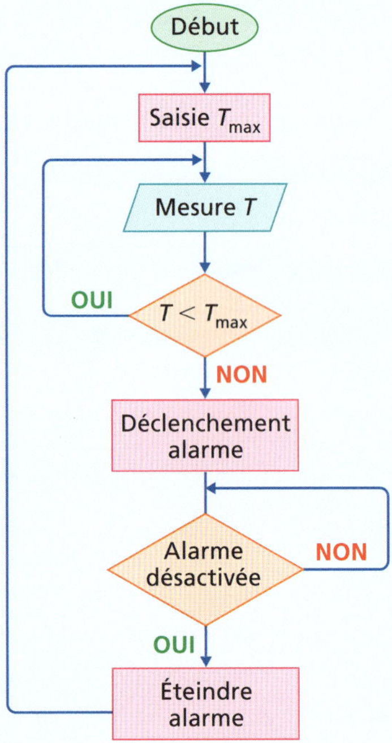

Outils de représentation de données

Fiche 22

Technologie

1 La feuille de calcul

• Le **tableur** est un **logiciel** qui permet de saisir des données, de réaliser des calculs et des graphiques. La feuille de calcul est un tableau composé de cellules rangées en lignes et en colonnes. Les lignes sont repérées par des nombres et les colonnes par des lettres.

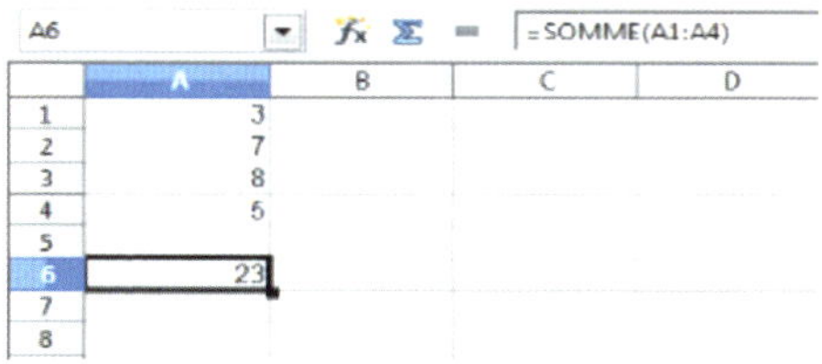

• Une **cellule** est l'intersection entre une ligne et une colonne.
Sa référence est composée de la lettre de la colonne et du numéro de la ligne. Ici, c'est la cellule A6 qui est sélectionnée.

2 Écrire une formule

Pour effectuer un calcul automatique, il faut saisir une **formule** dans une cellule. La formule doit commencer par le signe « = » elle peut contenir des valeurs numériques, des références, des opérateurs mathématiques, des fonctions.

ex. : Ici, pour effectuer la somme des cellules A1 à A4, et faire apparaître le résultat dans la cellule A6, il faut écrire la formule =SOMME(A1:A4) dans la zone de saisie.

3 Réaliser un graphique

Pour présenter les données sous la forme d'un graphique (colonne, barre, ligne, secteur...), il faut sélectionner les cellules contenant les données, puis utiliser le menu Diagramme.

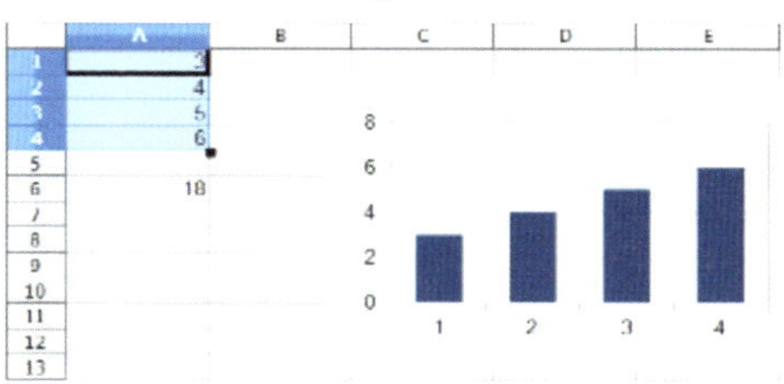

Sujet type corrigé

Les documents ci-dessous décrivent la production d'électricité en France, par forme d'énergie. L'unité d'énergie utilisée et le terawattheure (TWh).

C4 =B4*100/B11

	A	B	C
1	forme d'énergie	énergie produite en Twh	pourcentage
2	nucléaire	404,9	74,8
3	hydraulique	63,8	11,8
4	gaz	23,2	4,3
5	charbon	18,1	3,3
6	éolien	14,9	2,8
7	fioul	6,6	1,2
8	autres En R	5,9	1,1
9	Solaire	4	0,7
10			
11	Total	541,4	100

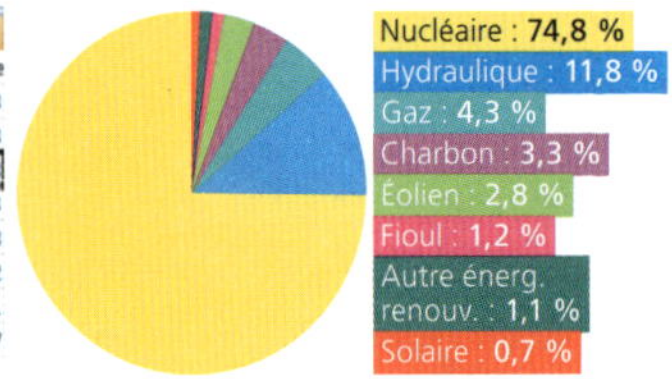

1 Quelle est l'origine principale de l'électricité en France ? Justifie ta réponse.

La cellule B2 indique la plus grande valeur d'énergie (404,9 TWh), ce qui correspond à 74,8 % (cellule C2) de la production totale. En France, l'énergie électrique est donc principalement obtenue grâce à l'énergie nucléaire.

2 Quelle cellule indique le pourcentage d'énergie éolienne ?

La cellule C6 indique le pourcentage d'énergie éolienne.

3 Quelle information donne la cellule B3 ?

La cellule B3 indique la quantité d'énergie produite par l'énergie hydraulique.

4 La cellule B11 est obtenue en effectuant la somme des cellules B2 à B9. **Propose une formule correspondant à ce calcul.**

Il est possible d'écrire « =B2 +B3 +B4 +B5 +B6 +B7 +B8 +B9 ».
On peut aussi utiliser la fonction somme et écrire « =SOMME(B2:B9) ».

5 Quel calcul est effectué dans la cellule C4 ?

La cellule C4 indique « =B4*100/B11 ».
Le calcul effectué est 23,2 × 100 / 541,4.

La Terre dans le Système solaire

1 Le Système solaire et ses planètes

• Notre Système solaire est composé d'une étoile, le **Soleil**, et de 8 planètes qui gravitent autour de cette **source d'énergie thermique et lumineuse**.

• La composition de ces planètes permet de les classer en deux grandes catégories :
– les **planètes telluriques** (Mercure, Vénus, Terre et Mars), constituées de roches et de métaux ;
– les **planètes gazeuses** (Jupiter, Saturne, Uranus, Neptune), constituées de gaz (essentiellement l'hydrogène et l'hélium).

• D'autres **astres** composent notre Système solaire : satellites, comètes, astéroïdes.

Lexique

Astre : corps présent dans le ciel.

2 Les caractéristiques de la Terre

• La Terre est sphérique et effectue une **rotation sur elle-même** en 24 heures environ, à l'origine de l'alternance jour/nuit.

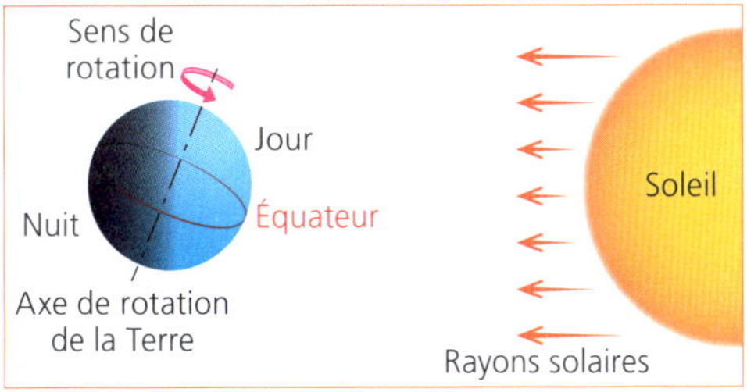

Schéma de l'alternance jour/nuit

• La Terre **gravite** autour du Soleil en **une année** environ.

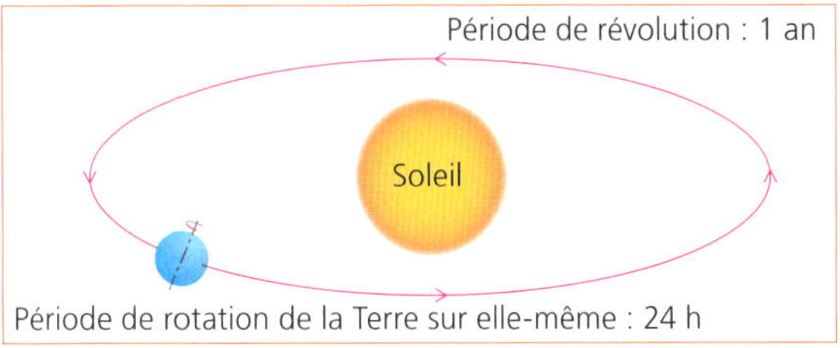

La Terre autour du Soleil

• La Terre est la seule planète du système solaire qui réunit **toutes les conditions favorables à la vie**, notamment la présence d'eau sous ses trois états (liquide, solide et gazeux).

• L'existence d'eau liquide est permise grâce à la **température moyenne de surface** de notre planète. La température d'une planète varie en fonction de sa distance au Soleil et de la présence d'une atmosphère.

	Température de surface (en °C)	**Distance au Soleil (en millions de km)**	**Présence d'une atmosphère**
Mercure	167	57,9	non
Vénus	464	108,2	oui
Terre	15	149,6	oui
Mars	– 65	227,9	oui

Quelques caractéristiques des planètes telluriques de notre système solaire

3 Les ères géologiques

• Les temps géologiques sont découpés en **ères**, elles-mêmes découpées en **périodes**. C'est **l'échelle des temps géologiques**.

• Ce découpage est basé sur des événements géologiques et biologiques importants, qui ont impacté notre planète depuis sa formation, il y a 4,5 milliards d'années.

Lexique

Échelle des temps géologiques : échelle de référence pour situer et dater les événements survenus depuis la formation de la Terre, il y a 4,5 milliards d'années.

Teste-toi !

Corrigés p. 91

A. Quelle caractéristique de la planète Vénus permet de la classer parmi les planètes telluriques ?

B. Explique pourquoi la durée du jour sur notre planète est en moyenne de 12 heures à l'équateur.

C. Pourquoi la Terre est-elle la seule planète du Système solaire à posséder de l'eau à l'état liquide ?

D. Cite les éléments qui ont permis aux scientifiques d'établir l'échelle des temps géologiques.

Phénomènes géologiques et tectonique des plaques

Fiche 24

SVT

1 Les séismes

> **Lexique**
>
> **Foyer :** zone initiale du séisme, où a lieu la rupture des roches. Les ondes sismiques partent de ce foyer.

• Les séismes, ou tremblements de terre, peuvent modifier le paysage et faire apparaître des **failles** qui décalent les éléments du paysage en surface.

• L'importance des **dégâts humains et matériels** dépend notamment de l'intensité du séisme.

• Un séisme a pour origine une rupture des roches en profondeur, au niveau du **foyer**, et se propage sous forme d'**ondes sismiques**.

• L'**épicentre** correspond à la zone en surface où l'intensité du séisme est maximale. C'est à ce niveau que les dégâts sont les plus importants.

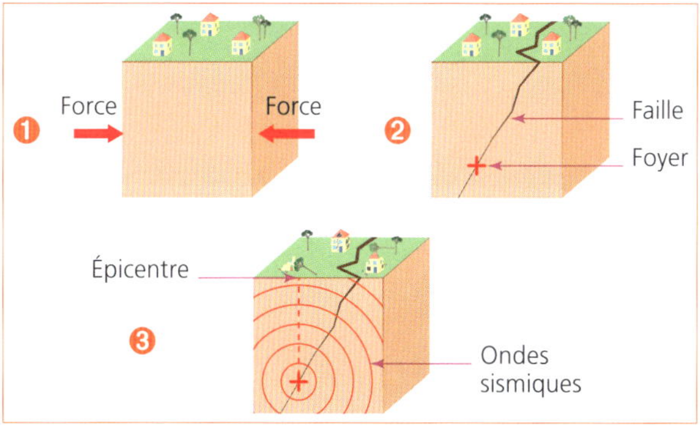

Schéma de chacune des étapes d'un séisme

2 Le volcanisme

• Le **volcanisme effusif** est caractérisé par la présence de coulées de lave et l'émission de gaz.

• Le **volcanisme explosif** est caractérisé par des explosions, l'émission de cendres et la projection de blocs rocheux en grande quantité.

• Les matériaux projetés lors d'une **éruption volcanique** peuvent, en s'accumulant, former l'édifice volcanique.

• La lave émise provient d'un **magma** stocké dans le réservoir magmatique.

> **Lexique**
>
> **Magma :** roche en fusion.

• L'éruption volcanique est due à une accumulation de **pression** qui pousse le magma vers la surface.

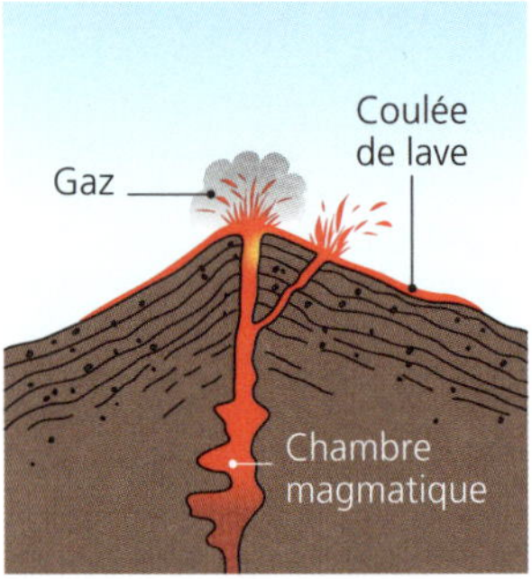

Volcanisme effusif

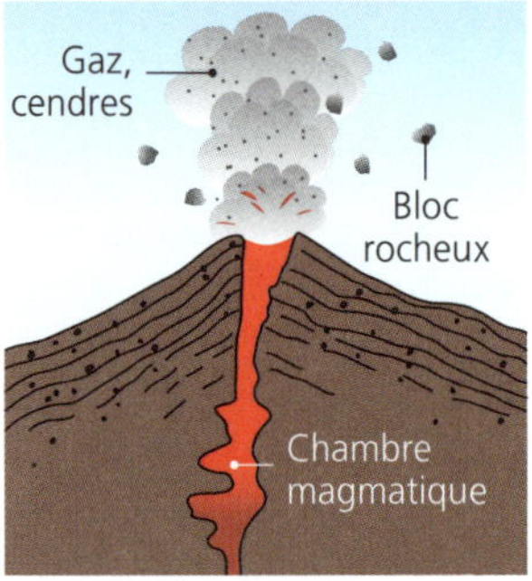

Volcanisme explosif

3 La tectonique des plaques

• La répartition des séismes et du volcanisme permet de mettre en évidence des **zones géologiquement calmes** : les **plaques lithosphériques**.

• Les plaques lithosphériques rigides sont en mouvement sur l'**asthénosphère** moins rigide : c'est la tectonique des plaques.

• Les frontières de ses plaques sont soumises à trois types de **mouvements**.

> **Lexique**
>
> **Plaques lithosphériques :** la lithosphère est la partie rigide en surface de la Terre, composée de la croûte continentale, la croûte océanique, et une partie du manteau supérieur. Elle est divisée en plaques tectoniques.

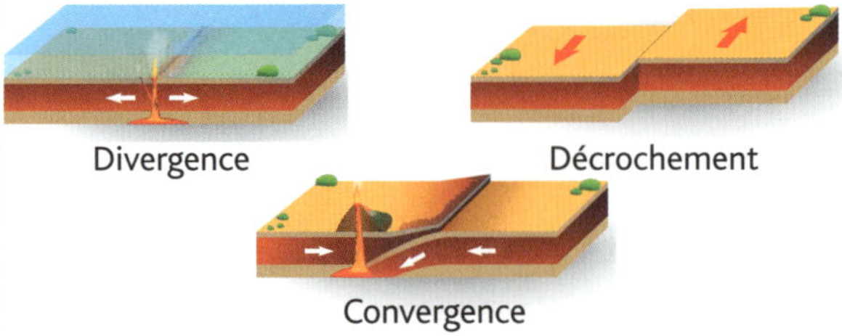

Les mouvements des plaques lithosphériques

Teste-toi !

Corrigés p. 91

A. Nomme la zone en surface au niveau de laquelle l'intensité du séisme est maximale.

B. Pourquoi un séisme est-il ressenti sur plusieurs kilomètres de distance ?

C. Précise quel type de volcanisme est caractérisé par la présence de coulées de lave.

D. Explique comment se construit un édifice volcanique.

E. Cite les trois types de mouvements auxquels sont soumises les plaques lithosphériques.

Phénomènes météorologiques et climatologiques

1 Météo et climat

• La **météo** et le **climat** sont deux choses différentes :
– La météo désigne le temps qu'il fait en ce moment ou dans les jours qui viennent.
– Le climat désigne les valeurs moyennes du temps sur des semaines et des années.

• Il existe trois grandes **zones climatiques** en fonction de la température et de la **pluviométrie** :
– **Zones froides** : températures très froides durant toute l'année.
– **Zones tempérées** : quatre saisons marquées.
– **Zones chaudes** : températures élevées et alternance des saisons.

> **Lexique**
> **Climat :** ensemble des conditions physiques et météorologiques (température, humidité, pression, vent…) qui caractérisent un lieu donné.
> **Pluviométrie :** mesure de la quantité de pluie tombée par unité de temps.

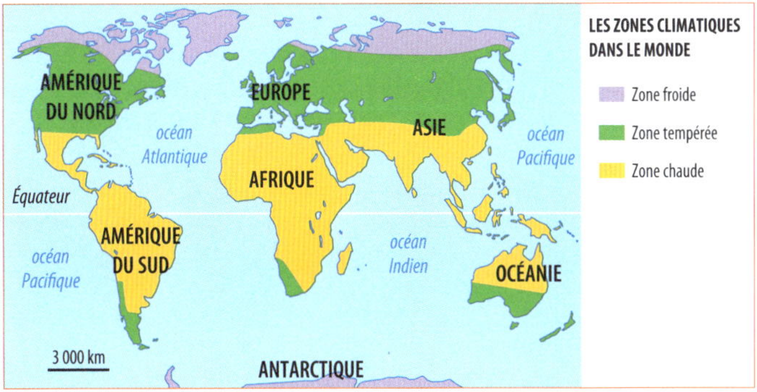

Les zones climatiques de la Terre

2 L'origine des climats

A Le rôle du Soleil

• Les climats ont pour origine une **inégale répartition de l'énergie solaire** à la surface du globe terrestre.

• L'énergie reçue est plus importante à l'équateur et décroît vers les pôles.

• La dynamique des masses d'eau et des masses d'air permet de **répartir cette énergie** de l'équateur vers les pôles.

B La dynamique des masses d'air et des masses d'eau

• Des différences de **température** et de **pression** mettent en mouvement les masses d'air et sont à l'origine du **vent**.

• Les **courants océaniques** de surface sont couplés aux mouvements des masses d'air : le vent, en soufflant en surface des océans et des mers, les met en mouvement.

• Des différences de **température** et de **salinité** mettent en mouvement les masses d'eau profondes et sont à l'origine des courants océaniques profonds.

Lexique

Courant océanique : mouvement de l'eau des océans caractérisé par un sens et une direction. On distingue les courants océaniques de surface (*ex. :* le Gulf Stream) et les courants océaniques profonds.

3 L'évolution du climat

• Depuis la formation de la Terre, il y a 4,5 milliards d'années, le climat a changé à plusieurs reprises : il y a eu des phases de **réchauffement** et des phases de **glaciation**. Actuellement, la planète se réchauffe très rapidement.

• **L'être humain est une des causes majeures de cette accélération** du réchauffement de la planète ; l'industrialisation et l'utilisation des ressources fossiles (voir fiche 27) sont à l'origine de la libération de **gaz à effet de serre** dans l'atmosphère et d'une augmentation de la température de surface de notre planète.

• Ce changement climatique actuel a un impact fort sur la planète (ex. : augmentation du niveau de la mer) et sur la biodiversité mondiale.

Teste-toi !

Corrigés p. 91

A. Quelle est la différence entre météo et climat ?

B. Précise comment sont réparties les zones climatiques de part et d'autre de l'équateur.

C. Explique comment les masses d'eau en surface se mettent en mouvement.

D. Explique comment les masses d'eau en profondeur se mettent en mouvement.

E. Quelle est l'influence de l'être humain sur l'évolution du climat ?

Risques naturels et mesures de prévention

Fiche 26

SVT

1 La notion de risque

• Un **aléa** est un phénomène naturel potentiellement dangereux.
ex. : séisme, éruption volcanique, cyclone, tornade.

• La **vulnérabilité d'une zone** dépend principalement de la présence humaine, de la densité et de la résistance des bâtiments, et de l'activité économique de cette zone.

> **Lexique**
> **Risque :** un risque est le croisement entre un aléa et la vulnérabilité d'une zone.

• Un **risque** naturel dépend de ces deux paramètres.

(Aléa) × (Vulnérabilité) = (Risque)

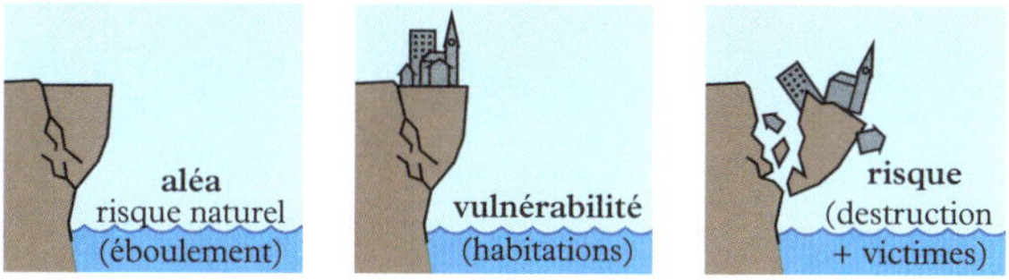

2 Risque sismique et prévention

• Il est **impossible de prévoir un séisme**, mais des **cartes d'aléas sismiques** existent. Elles sont construites à partir des connaissances acquises au niveau des zones sismiquement actives de la planète.

• Les **zones à risque sismique** sont déterminées en superposant les cartes d'aléas sismiques et celles de densité des populations.

• Dans ces zones à risques, des moyens existent pour limiter les risques sismiques :
- **limiter la population** dans ces zones ;
- imposer des normes de **construction parasismique** pour les nouveaux bâtiments ;
- **préparer la population** afin qu'elle adopte les bons gestes lors d'un séisme.

3 Risque volcanique et prévision

• La prévision d'une éruption volcanique se base essentiellement sur la **surveillance des volcans** et sur l'**étude des données acquises** au cours d'anciennes éruptions.

• Il est possible d'anticiper, à court terme, le moment et le type d'éruption (voir fiche 24).

• La **préparation des populations** quant aux conduites à tenir en cas d'éruption est importante.

• Des **plans d'alerte**, de secours et d'évacuation sont mis en place par les pouvoirs publics.

4 Risque climatique et météorologique

• Certains aléas climatiques et météorologiques menacent la France : sécheresses, inondations, canicule… Des **mesures d'information** visent à en limiter les impacts sur la population.

• À l'échelle mondiale, le risque climatique majeur actuel est le **réchauffement climatique global de la planète** (voir fiche 25).

• Le réchauffement climatique entraîne, entre autres, la montée du niveau de la mer et une augmentation de la fréquence d'événements climatiques dangereux (tornades, tempêtes, sécheresses…).

Teste-toi !

Corrigés p. 91

A. Explique les relations existant entre aléa, vulnérabilité et risque.

B. Comment limiter les dégâts d'un séisme dans une zone à risque ?

C. Précise comment une éruption volcanique peut être anticipée.

D. Cite trois conseils à suivre en cas de canicule.

Exploitation des ressources naturelles

Fiche 27

SVT

1 | Exploitation des ressources en eau

A Les ressources en eau de la planète

• Sur Terre, on trouve 97 % d'eau salée, 2 % d'eau bloquée sous forme de glace et seulement **1 % d'eau douce liquide disponible**.

• L'eau naturelle peut être prélevée dans les **rivières**, les **lacs**, au niveau des sources et des **nappes souterraines**, telles que les **nappes phréatiques**.

• L'eau est une ressource **inégalement répartie** sur la planète.

> **Lexique**
> **Nappes phréatiques :** eau présente, à faible profondeur, dans les fissures de roches souterraines.

B Utilisation et gestion de l'eau par l'être humain

• L'eau est utilisée par l'être humain :
- pour produire de l'**énergie** ;
- au quotidien dans les **foyers** ;
- dans l'**agriculture** ;
- dans l'**industrie**.

• La consommation de cette ressource augmente depuis plusieurs années, notamment à cause de l'augmentation de la population mondiale et des changements d'habitudes de vie.

• Les eaux naturelles deviennent des eaux **potables** après traitement dans les usines de production d'eau potable.

• Le **stockage** de l'eau se fait dans des châteaux d'eau, et la distribution par des réseaux de canalisation souterrains.

> **Lexique**
> **Potable :** qui peut être consommé sans risque pour la santé.

• Les **stations d'épuration** permettent de traiter les eaux usées (60 % d'origine industrielle et 40 % d'origine ménagère) pour qu'elles ne soient pas sources de pollution.

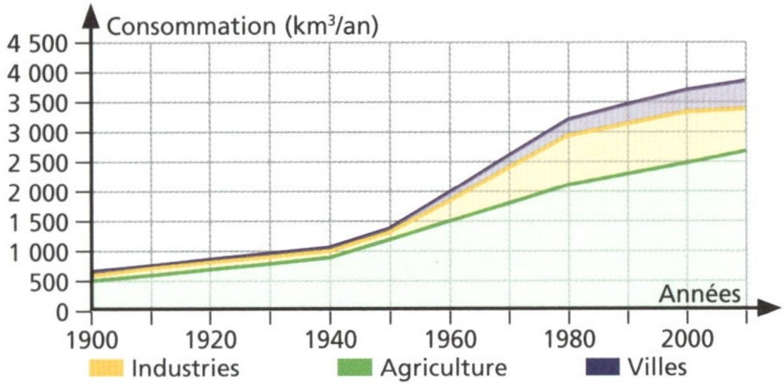

L'évolution de la consommation en eau depuis 1900

2 Exploitation des ressources fossiles

A Les ressources fossiles de la planète

• Les **ressources fossiles – pétrole, charbon** et **gaz** – se sont formées il y a plusieurs millions d'années.

• Les ressources fossiles sont fragiles car ce sont des **ressources épuisables** : l'être humain utilise cette ressource plus vite qu'elle ne se crée.

Lexique

Ressources fossiles : appelées aussi combustibles fossiles, ce sont des molécules composées de carbone et d'hydrogène (hydrocarbures) issues de la dégradation lente de matière organique.

B Utilisation et gestion des ressources fossiles par l'être humain

• Les ressources fossiles sont utilisées par l'être humain pour le transport en tant que **carburant** et pour le chauffage et la production d'électricité en tant que **combustible**.

• L'utilisation de ces ressources est **source de pollution** pour la planète et entraîne la libération **de gaz à effet de serre** (notamment le dioxyde de carbone) en grande quantité. Ces gaz accélèrent le **réchauffement climatique** de la planète.

Teste-toi !

Corrigés p. 91

A. Cite les réservoirs de la planète dans lesquels est prélevée l'eau douce liquide disponible.

B. Précise pour chacune des deux ressources, les utilisations qu'en fait l'être humain.

C. À quoi servent les stations d'épuration ?

D. À partir de quoi se forme le pétrole ?

E. Explique le rôle de l'être humain dans le réchauffement climatique de la planète.

Écosystème et activités humaines

Fiche 28

SVT

1 Un écosystème en fonctionnement

• Un écosystème est l'ensemble d'un milieu physique (**biotope**), des organismes qui vivent dans ce milieu (**biocénose**) et des **interactions** au sein de ce milieu entre les organismes eux-mêmes, et entre les organismes et leur milieu.

• Les organismes ont des **besoins précis** (ex. : température du milieu, alimentation disponible…) et vivent dans un écosystème qui répond à ces besoins ; une modification au sein d'un écosystème a donc un impact sur les organismes qui y vivent.

• Dans un étang, le biotope (eau, soleil, air, sol…) et les organismes qui y vivent (animaux et végétaux) sont en constant **échange de matière et d'énergie**.

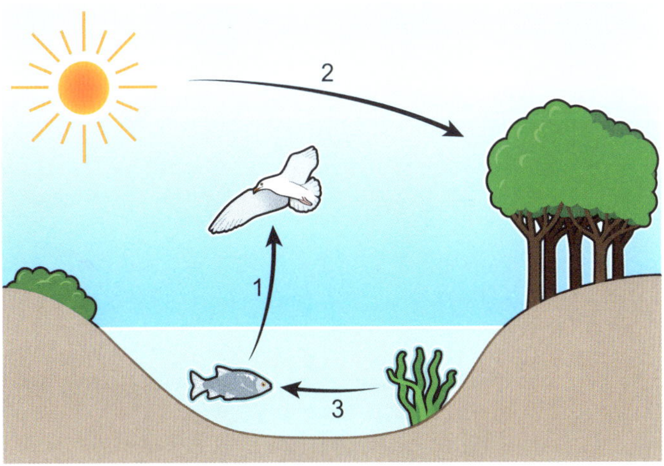

Exemple de l'écosystème d'un étang

1. L'oiseau mange le poisson : exemple d'interaction entre les organismes de l'écosystème. C'est un **transfert de matière**.
2. Le soleil permet la croissance aux arbres : exemple d'interaction entre les organismes et leur milieu. C'est un **transfert d'énergie**.
3. Le poisson mange les algues : exemple d'interaction entre les organismes de l'écosystème. C'est un **transfert de matière**.

2 Activités humaines et écosystèmes

A À l'échelle locale

• La stabilité d'un écosystème peut être perturbée localement par l'action de l'être humain de trois façons principales :
- l'**épuisement des ressources** ;
- la **pollution** des eaux, de l'air et des sols ;
- la **destruction des habitats**.

• En aménageant son environnement, l'homme modifie les habitats et peut entraîner la diminution de la **biodiversité** d'un écosystème.

Lexique

Biodiversité : nombre et diversité d'espèces, animales et végétales, qui peuplent un milieu.

B À l'échelle globale

• L'être humain, en puisant et en utilisant massivement les **combustibles fossiles**, a amplifié et accéléré le **réchauffement climatique**, lequel a un impact fort sur la stabilité des écosystèmes, la **biodiversité** peut diminuer, voire disparaître.

3 Préservation et restauration des écosystèmes

• Les scientifiques s'inquiètent de la disparition accélérée de plusieurs espèces et craignent une **sixième crise biologique**.

• Afin de limiter son impact sur les écosystèmes, l'être humain réfléchit à des **solutions pour préserver ou restaurer son environnement**, tout en maintenant ses activités.

Lexique

Crise biologique : courte période géologique au cours de laquelle, au sein d'une large zone géographique, le nombre d'espèces de plusieurs groupes diminue fortement.

Teste-toi !

Corrigés p. 91

A. Explique ce qu'est un écosystème.

B. Explique pourquoi la prédation constitue un transfert de matière au sein d'un écosystème ?

C. Donne un exemple de transfert d'énergie au sein d'un écosystème.

D. Cite un exemple d'impact, à l'échelle locale, de l'activité humaine sur la biodiversité des écosystèmes.

E. Cite un exemple d'impact, à l'échelle globale, de l'activité humaine sur la biodiversité des écosystèmes.

Nutrition des animaux

1 Systèmes digestifs et régimes alimentaires

• Selon la nature des aliments qu'ils consomment, on distingue les animaux **zoophages**, les animaux **phytophages**.

• Les **systèmes digestifs** de ces animaux sont différents et adaptés à leur régime alimentaire.

• Au sein des systèmes digestifs, des **micro-organismes** peuvent être indispensables à la digestion. Ils fournissent des **enzymes** capables de transformer certaines molécules que l'animal n'aurait pas été en mesure de digérer.

Lexique

Phytophage : organisme se nourrissant essentiellement d'aliments d'origine végétale.
Zoophage : organisme ne se nourrissant que d'aliments d'origine animale.
Enzymes : molécules assurant la digestion chimique des macromolécules alimentaires en molécules simples.

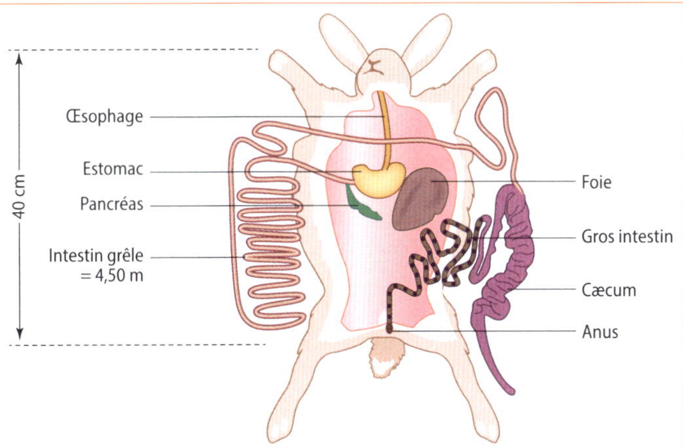

Schéma du système digestif du lapin : un phytophage

2 Approvisionnement en dioxygène

• La **respiration** consiste à **absorber du dioxygène** et à **rejeter du dioxyde de carbone**.

• Les **organes respiratoires** des animaux dépendent de leur milieu de vie et de leur milieu de respiration. Il s'agit :
- des **branchies** des poissons qui respirent dans l'eau ;
- des **trachées** des insectes qui respirent dans l'air ;
- des **poumons** des humains qui respirent dans l'air.

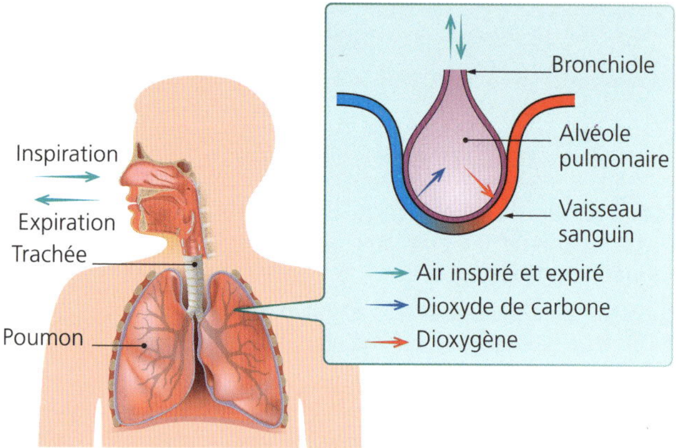

Schéma de l'appareil respiratoire humain

3 Élimination des déchets

• Le fonctionnement des cellules entraîne la **fabrication de déchets** (CO_2 et autres déchets) libérés dans le sang et que l'organisme doit éliminer dans le milieu de vie.

• Le rein est un organe permettant de nettoyer le sang de l'urée, puis de l'éliminer de l'organisme via l'urine.

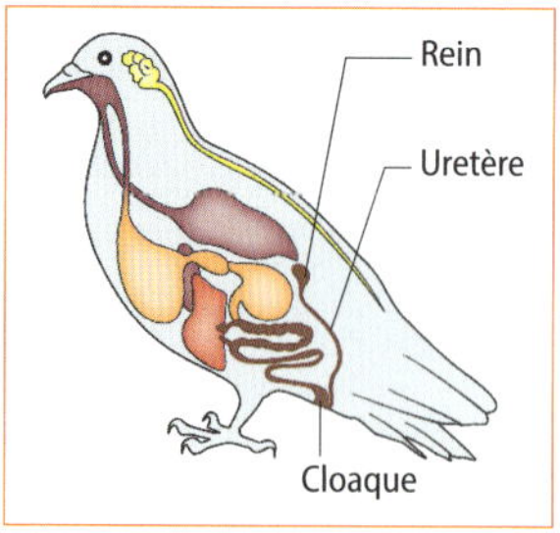

Schéma du système excréteur d'un oiseau

Teste-toi !

Corrigés p. 92

A. Explique le rôle important des micro-organismes symbiotiques vivant dans les systèmes digestifs des animaux.

B. Cite une différence entre un zoophage et un phytophage.

C. Qu'est-ce que la respiration ?

D. Précise les échanges gazeux existant au niveau d'une alvéole pulmonaire.

E. Cite un déchet que les animaux doivent éliminer de leur organisme.

Nutrition des végétaux chlorophylliens

1 Les besoins d'une plante chlorophyllienne

Pour produire la matière organique nécessaire à sa croissance et à son fonctionnement, une plante réalise la **photosynthèse** en présence de lumière au niveau de ses cellules chlorophylliennes.

> **Lexique**
>
> **Photosynthèse :** production de matière organique au niveau des cellules chlorophylliennes à partir de matière minérale et en présence de lumière.

Eau (H_2O) + Dioxyde de carbone (CO_2) —Lumière→ Molécules organiques + Dioxygène (O_2)

Équation simplifiée de la photosynthèse

2 Les prélèvements de matière minérale

A Au niveau des feuilles

- Des échanges gazeux entre la plante et l'air sont permis par les **stomates**, orifices situés au niveau de l'épiderme des feuilles.
- Dans l'obscurité ont lieu les échanges gazeux respiratoires : absorption de dioxygène (O_2) et rejet de dioxyde de carbone (CO_2).
- À la lumière ont lieu les échanges gazeux liés à la photosynthèse : absorption de CO_2 et rejet de O_2.

B Au niveau des racines

- L'eau et les sels minéraux sont prélevés par les **poils absorbants** au niveau des racines.
- La nutrition minérale peut être favorisée par l'association entre des bactéries du sol et le système racinaire de certaines plantes.
Cette association, bénéfique pour les deux partenaires, est appelée **symbiose**.

3 La production et le stockage de matière organique

- La **photosynthèse** nécessite de la **chlorophylle** et ne se fait donc que dans les parties vertes de la plante appelées **organes de synthèse**.
- Un stockage de la matière organique est possible dans les **organes de réserve** : graines, fruits, tubercule…

> **Lexique**
>
> **Chlorophylle :** pigment qui donne la couleur verte aux végétaux verts.

4 Le transport au sein de la plante

A Flux d'éléments nutritifs

• La **sève brute** contient l'eau et les sels minéraux prélevés au niveau des racines.

• Elle circule uniquement des racines aux feuilles, où elle est utilisée pour fabriquer la matière organique.

B Flux de matière

• La **sève élaborée** contient l'eau et les molécules organiques synthétisées grâce à la photosynthèse.

• Elle circule principalement des feuilles vers le bas de la plante mais peut cependant aller dans toutes les parties du végétal pour assurer la croissance de l'ensemble des organes.

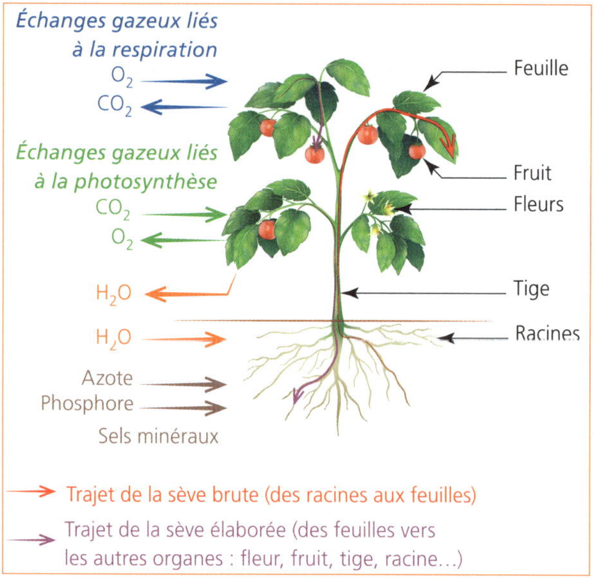

Nutrition d'une plante chlorophyllienne

Teste-toi !

Corrigés p. 92

A. Donne le nom et la formule des matières minérales nécessaires à la photosynthèse.

B. De quelle(s) manière(s) ces matières minérales sont-elles absorbées par la plante ?

C. Par quel processus la matière organique est-elle obtenue ?

D. Pourquoi une plante perdant ses feuilles risque-t-elle de dépérir ?

Reproduction sexuée et asexuée

1 La reproduction asexuée

• La reproduction asexuée permet d'obtenir un nouvel individu à partir d'**un seul parent**.

• Chez les animaux unicellulaires, elle prend la forme d'une division cellulaire classique. Pour les autres, on peut citer le **bourgeonnement** ou la **régénération**.

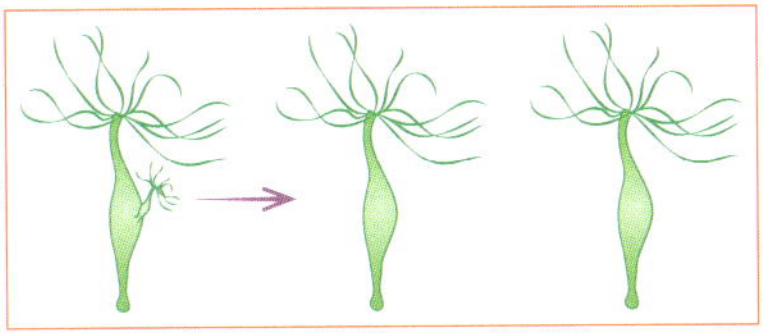

Reproduction de l'hydre d'eau douce par bourgeonnement

• Chez les végétaux, elle nécessite généralement la formation d'organes particuliers : stolons, rhizomes…

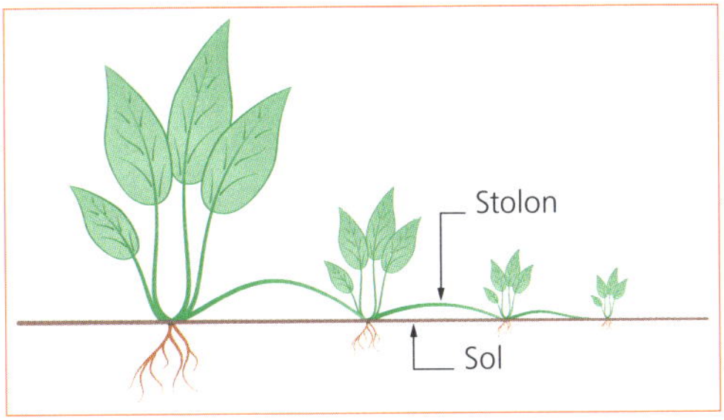

Reproduction de la Sagittaria par stolon

2 La reproduction sexuée

• Ce type de reproduction nécessite une **fécondation**.

• Il y a deux types de fécondation chez les animaux :
– la **fécondation externe** lorsqu'elle a lieu dans le milieu de vie ;

Lexique

Fécondation : Rencontre entre un gamète mâle et un gamète femelle aboutissant à la formation d'une cellule-œuf.

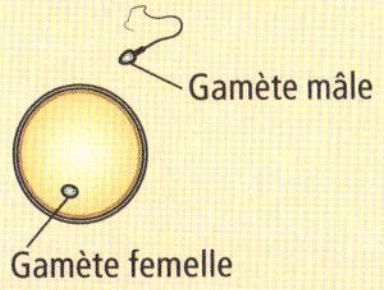

– la **fécondation interne** lorsqu'elle a lieu dans l'organisme femelle. Elle nécessite un **accouplement** du mâle et de la femelle.

• Chez les végétaux, la fécondation a lieu dans le pistil. Un grain de **pollen** se dépose au sommet du **pistil** et libère le gamète mâle, qui progresse dans un tube pollinique jusqu'au gamète femelle. La reproduction est donc interne.

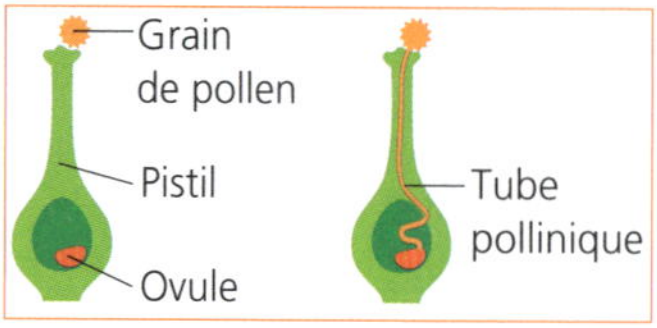

Les étapes de la fécondation végétale

3 Reproduction et patrimoine génétique

• La reproduction asexuée permet d'obtenir des individus **génétiquement identiques** entre eux et à leur seul parent.

• La reproduction sexuée permet au contraire d'introduire **une diversité génétique** au sein de la population à deux niveaux : la formation des gamètes et la fécondation (voir fiche 33).

4 Reproduction et conditions du milieu

• Certaines conditions du milieu de vie, telles que la disponibilité des **ressources nutritives**, peuvent avoir une influence sur la reproduction des individus, animaux ou végétaux.

• Plusieurs stratégies permettent aux animaux d'assurer la survie de l'espèce :
– les **ovipares aquatiques** pondent beaucoup d'œufs pour compenser les éventuelles pertes ;
– les **ovipares terrestres** pondent peu d'œufs, mais la coquille solide protège l'embryon ;
– les **vivipares terrestres** ont peu de petits, mais les adultes assurent leur protection.

Lexique

Ovipare : espèce au sein de laquelle les femelles pondent des œufs.
Vivipare : espèce au sein de laquelle les femelles portent leurs petits au début de leur développement.

• La reproduction asexuée permet notamment aux végétaux de **coloniser** et d'envahir très rapidement un milieu.

Teste-toi !

Corrigés p. 92

A. Qu'est-ce qu'un stolon ?

B. Précise à quel type de reproduction correspond l'exemple suivant : *Les chats s'accouplent, puis la femelle porte les chatons pendant environ deux mois.*

C. Explique pourquoi la fécondation végétale est une fécondation interne.

D. Justifie le fait que la division bactérienne, qui permet d'obtenir deux bactéries strictement identiques, est un exemple de reproduction asexuée.

E. Comment une lionne, animal vivipare terrestre, assure-t-elle le maintien de son espèce dans le milieu ?

Parenté entre êtres vivants

1 La classification du vivant

• Pour classer les organismes, il faut définir les **attributs** qu'ils possèdent en commun pour construire un **tableau d'attributs**.

> ***Lexique***
> **Attribut :** caractère visible d'un être vivant (squelette, poils…).

	Insecte	Vache	Être humain	Araignée
Bouche	Présent	Présent	Présent	Présent
Poils		Présent	Présent	
8 pattes				Présent
6 pattes	Présent			
Squelette externe	Présent			Présent
Squelette interne		Présent	Présent	

Tableau d'attributs

• La classification permet de regrouper les êtres vivants en **groupes emboîtés** les uns dans les autres.

• Les êtres vivants qui partagent un ou plusieurs attributs sont réunis dans un même groupe.

• Un organisme possède tous les attributs correspondants aux boîtes dans lesquelles il se trouve.

• Plus les espèces partagent d'attributs, plus elles sont proches.

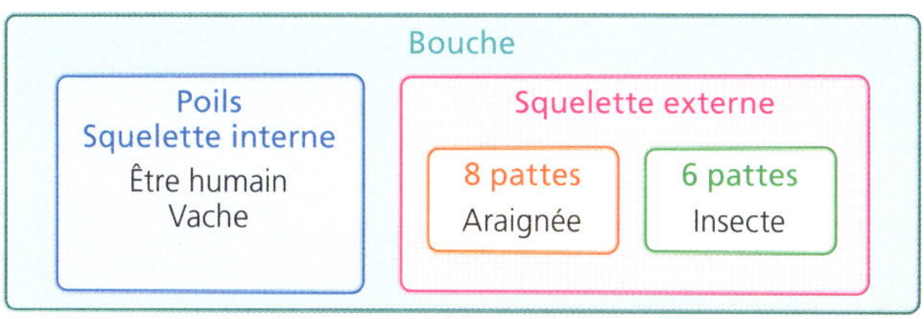

Classification en groupes emboîtés

• À partir de ces groupes emboîtés, un **arbre de parenté**, ou arbre évolutif, peut être construit.

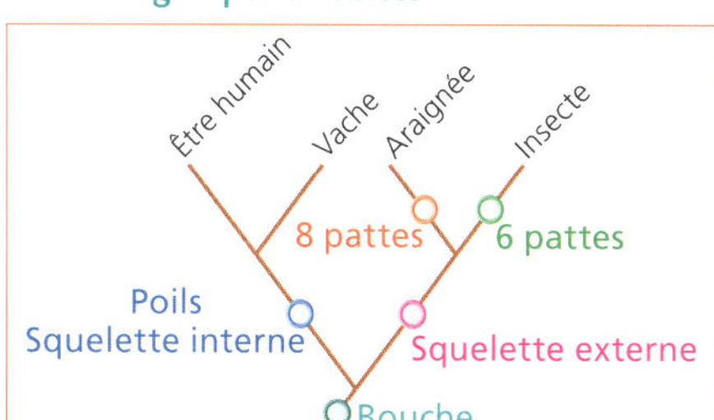

Arbre de parenté

2 | Le groupe des tétrapodes

• Les tétrapodes forment un groupe d'animaux vertébrés caractérisés par la présence de **deux paires de pattes locomotrices**.

• La comparaison du squelette du **membre antérieur** de plusieurs vertébrés montre qu'ils sont tous constitués des mêmes os aux mêmes emplacements. Si la comparaison est faite avec un tétrapode qui n'existe plus actuellement, cette organisation reste, tout de même, visible.

• Ces ressemblances permettent d'établir une **parenté entre les tétrapodes**.

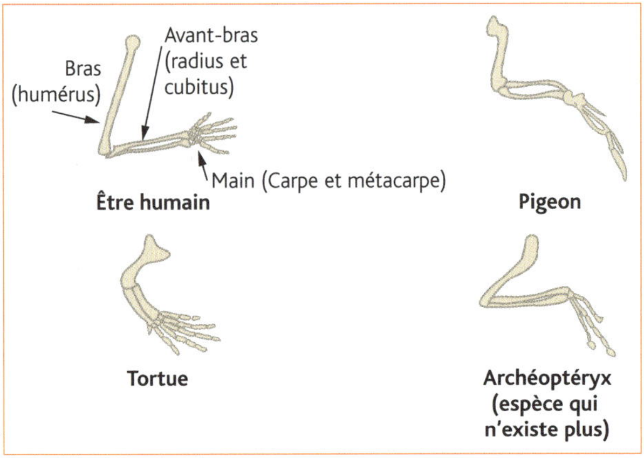

Croquis des membres antérieurs de vertébrés actuels et fossiles

3 | Points communs aux êtres vivants

• Tous les êtres vivants sont constitués de **cellules**, et dans chacune de ces cellules, l'**ADN** porte les informations génétiques (voir fiche 33).

• Ces éléments appuient l'hypothèse d'une **origine commune** à l'ensemble des êtres vivants.

Teste-toi !

Corrigés p. 92

A. Donne la définition d'un « attribut ».

B. À quoi correspond une « boîte » dans la « classification en groupes emboîtés » ?

C. Un individu A et un individu B possèdent deux attributs en commun. Le même individu A et un individu C possèdent 3 attributs en commun. Justifie que l'individu A est plus proche parent de l'individu C que de B.

D. Quels arguments appuient l'hypothèse d'une origine commune à l'ensemble des êtres vivants ?

Diversité génétique des êtres vivants

Fiche 33

SVT

1 Les informations héréditaires

A Caractères spécifiques et individuels

• Les caractères d'un individu peuvent être classés en **caractères spécifiques**, liés à l'espèce, et **caractères individuels**, propres à l'individu.

• Les caractères spécifiques et une majorité des caractères individuels sont **héréditaires** (se transmet au cours des générations successives). Les autres dépendent de l'environnement et du mode de vie.

B Maintien des informations héréditaires

• Les **chromosomes**, localisés dans le noyau des cellules, sont principalement constitués d'**ADN**. Ils sont visibles lorsque l'ADN est compacté.

• Le nombre de chromosomes est fixe au sein d'une espèce.

ex. : L'espèce humaine en possède 23 paires, soit 46 chromosomes.

• Le passage de **chromosomes simples à chromosomes doubles** lors de la préparation à la **division cellulaire** permet de maintenir le nombre de chromosomes de l'espèce au cours de la division.

Lexique

Chromosomes simples, chromosomes doubles :

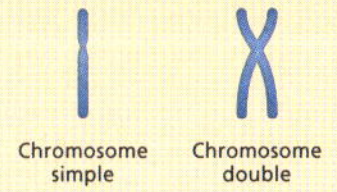

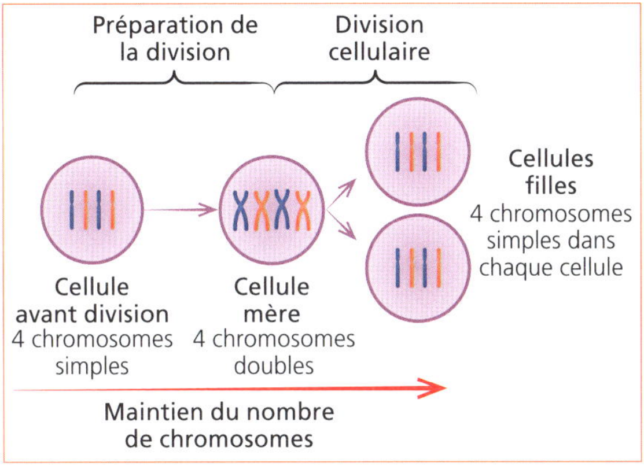

Schéma illustrant les chromosomes au cours de la division cellulaire

2 | Diversité des génotypes au sein d'une espèce

> **Lexique**
> **Gène :** portion d'ADN qui contient l'information déterminant un caractère héréditaire de l'individu.

• Les chromosomes portent les **gènes**. Ils sont localisés **au même endroit** sur les deux chromosomes d'une même paire et sont identiques pour tous les individus d'une même espèce.

• La **diversité génétique** au sein d'une espèce s'explique par l'existence de différentes versions de ces mêmes gènes : les **allèles**. Chaque individu a une **combinaison allélique** unique.

• Le **génotype** d'un individu (l'ensemble de ses associations alléliques) détermine son **phénotype** (l'ensemble de ses caractères).

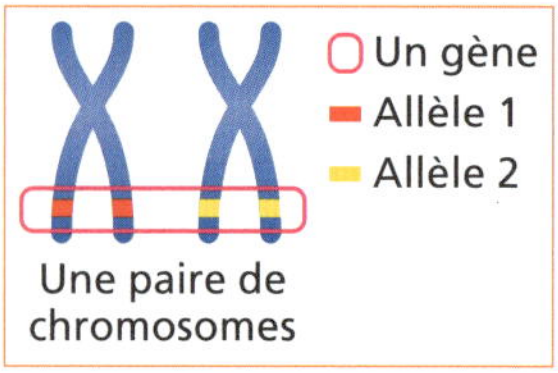

Représentation des chromosomes

3 | Reproduction sexuée, source de diversité génétique

• La **formation des gamètes** implique une séparation des chromosomes pour ne garder qu'un chromosome de chaque paire. Cette répartition est aléatoire et permet la formation de **gamètes génétiquement uniques**.

• La **fécondation** permet de retrouver le nombre de chromosomes de l'espèce en associant ceux des gamètes mâle et femelle. Cette association de chromosomes aux allèles différents est due au hasard du choix des gamètes : la **cellule-œuf** est donc **génétiquement unique**.

Teste-toi !

Corrigés p. 92

A. Un caractère spécifique à l'espèce humaine est-il héréditaire ?

B. Combien de chromosomes possède une cellule musculaire humaine ?

C. Précise comment une cellule se prépare à la division cellulaire.

D. Explique l'existence d'une diversité génétique entre les individus d'une même espèce.

E. Quels sont les deux mécanismes de la reproduction sexuée permettant l'émergence d'une diversité génétique ?

Évolution des êtres vivants

1 Évolution de la vie

• Depuis l'apparition de la vie sur Terre, il y a environ **3,8 milliards d'années**, la biodiversité animale et végétale est en constante évolution.

> **Lexique**
>
> **Innovation évolutive :** caractère nouveau apparu au sein d'une espèce au cours de l'évolution et transmise aux descendants.

• Lorsque deux espèces partagent les mêmes **innovations évolutives**, elles présentent une **parenté** et dérivent d'un même ancêtre commun.

2 Les mécanismes de l'évolution

A Les innovations génétiques

• Les **mutations**, en modifiant l'ADN d'un gène, sont à l'origine de la création de nouveaux allèles chez un individu.

• Suite à une mutation, le **génotype** et parfois le **phénotype** sont modifiés. L'individu porteur de la mutation peut acquérir une innovation évolutive.

> **Lexique**
>
> **Génotype** d'un individu : ensemble de ses associations alléliques.
>
> **Phénotype** d'un individu : ensemble de ses caractères.

B La sélection naturelle

• Si les nouveaux allèles issus de la mutation apportent un **bénéfice** à l'individu porteur, sa survie peut être favorisée. Il se reproduira davantage que les autres.

• Si l'individu porteur de ces allèles se reproduit davantage, la **fréquence de cet allèle va augmenter** au sein de la population.

• Inversement, la fréquence des allèles n'apportant aucun bénéfice ou étant désavantageux pour l'individu va diminuer dans la population, car sa reproduction ne sera pas favorisée par rapport aux autres.

C Influence du milieu et hasard

La fréquence d'un allèle au sein de la population dépend également :
- des allèles sélectionnés **au hasard** lors de la **reproduction sexuée** (voir fiche 33) ;
- des **contraintes** du milieu.

3 L'espèce humaine

• L'espèce Homo sapiens fait partie des **grands singes**, faisant eux-mêmes partis de l'ordre des **primates**.

• L'espèce humaine partage des caractères communs avec d'autres êtres vivants et résulte, comme les autres espèces, d'innovations évolutives successives.

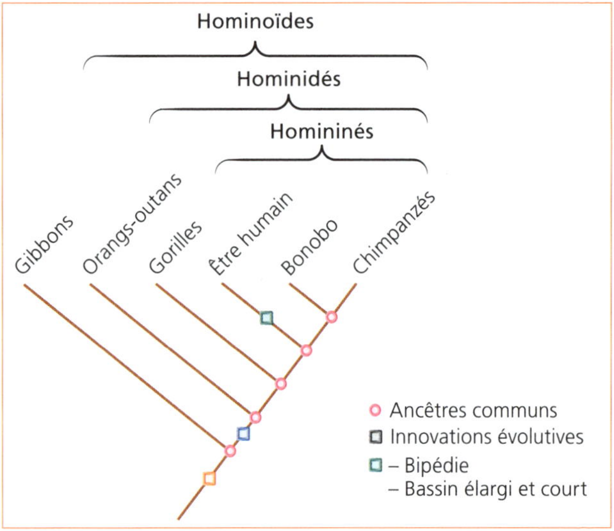

Arbre de parenté des grands singes

Teste-toi !

Corrigés p. 92

A. Qu'est ce qu'une mutation ?

B. Comment est susceptible de varier la fréquence d'un allèle déterminant un caractère favorisant la survie d'un individu ?

C. Cite deux grands mécanismes qui modifient les fréquences alléliques au sein d'une population.

D. Cite deux innovations évolutives que possède l'être humain.

Système nerveux

1 Réalisation d'un mouvement

• Lors d'un effort, **les rythmes cardiaques et respiratoires augmentent** pour répondre aux besoins accrus des muscles en activité.

• Les mouvements musculaires effectués par l'organisme sont commandés par le **système nerveux**.

Fréquence cardiaque au repos

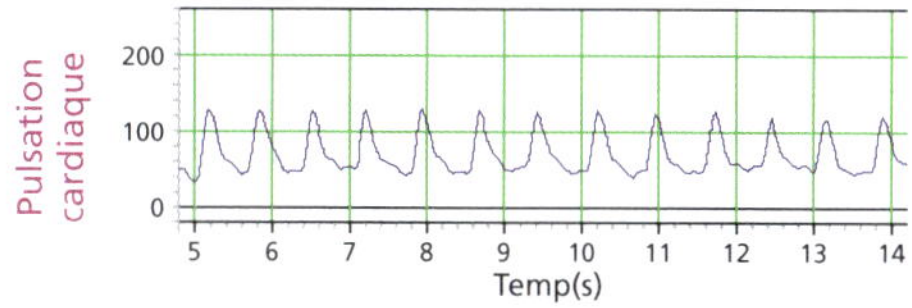

Fréquence cardiaque au cours d'un effort physique modéré

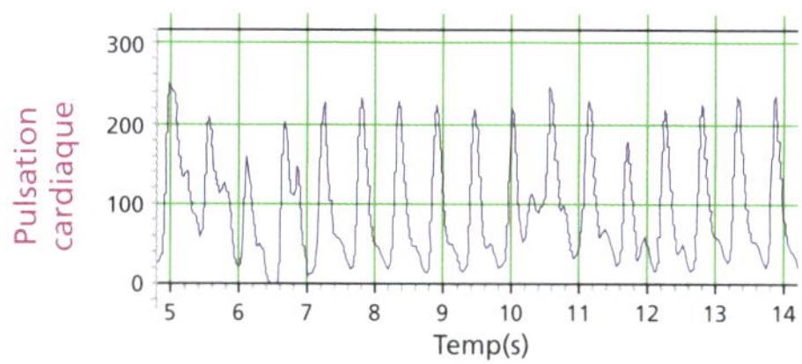

2 Message nerveux et centres nerveux

• Un message nerveux est un **signal chimique ou électrique** déclenché par un stimulus extérieur reçu par un organe récepteur. Il circule dans l'organisme en sens unique *via* les nerfs et permet à l'organisme de répondre de façon adaptée.

• Les **centres nerveux** (moelle épinière et cerveau) reçoivent les **messages nerveux sensoriels**, les analysent et les transforment en **messages nerveux moteurs** avant de les envoyer aux organes effecteurs.

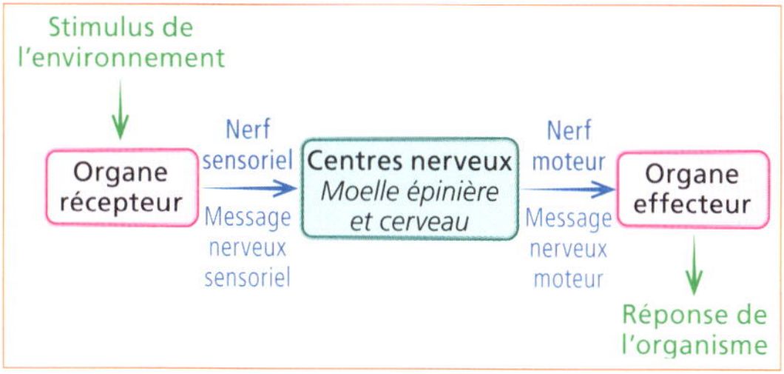

Les étapes de la transmission nerveuse

3 | Cellules nerveuses

• Les **nerfs** sont constitués de fibres nerveuses ou **neurones** ayant une structure cellulaire spécialisée adaptée à leur fonction de transmission de messages.

• Les centres nerveux forment un **réseau** dense de neurones qui communiquent entre eux, permettant l'analyse et la transmission rapide des messages.

> **Lexique**
> **Neurones :** les neurones sont, comme toutes cellules, composés d'une membrane, d'un cytoplasme et d'un noyau.

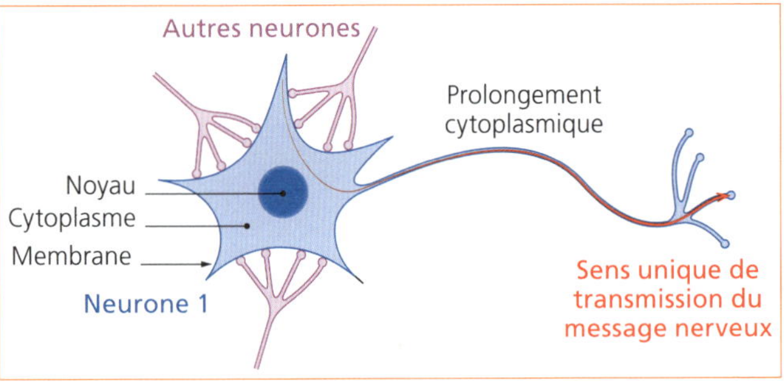

Schéma d'un neurone

• La **fatigue**, la consommation d'**alcool** ou de **drogue** peuvent perturber le fonctionnement du système nerveux à différents niveaux : perception de l'environnement, analyse et transmission des messages nerveux, commande du mouvement.

ex. : Fatigue, drogue et alcool diminuent la vigilance du conducteur en augmentant son **temps de réaction** et donc les risques d'accidents.

Teste-toi !

Corrigés p. 92

A. Quelles sont les étapes de la transmission d'un message nerveux, des organes récepteurs aux organes effecteurs ?

B. Décris les modifications de l'organisme au cours d'un effort.

C. Explique l'intérêt de l'organisation en réseau des neurones dans les centres nerveux.

D. Pourquoi l'association « consommation d'alcool + conduite d'un véhicule » est-elle dangereuse ?

Système cardiovasculaire et transport au sein de l'organisme

Fiche 36

SVT

1 Les besoins des organes et des cellules

A De l'organisme à la cellule

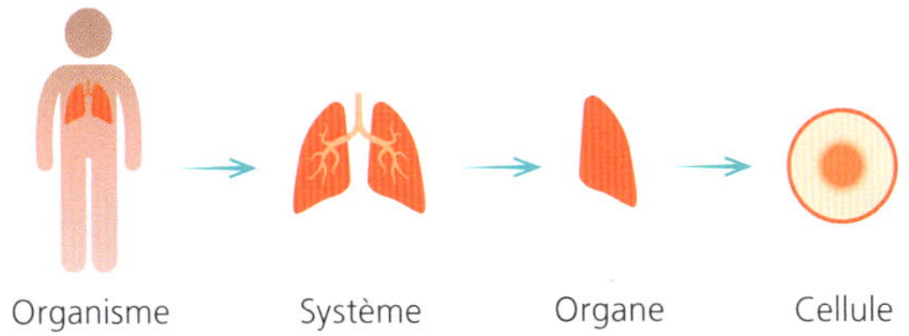

B Au niveau des organes

• Les organes ont besoin, en continu, de **nutriments** provenant de la **digestion** au niveau de l'intestin grêle (voir fiche 37) et de **dioxygène** provenant de la **respiration** au niveau du système pulmonaire.

• Lors d'un effort, ces besoins augmentent proportionnellement à l'intensité de l'exercice.

C Au niveau des cellules

• **Nutriments** et **dioxygène** sont utilisés par les cellules pour fabriquer de l'énergie au cours d'une réaction chimique :

$$\text{Nutriments} + O_2 \rightarrow CO_2 + (\text{chaleur et énergie})$$

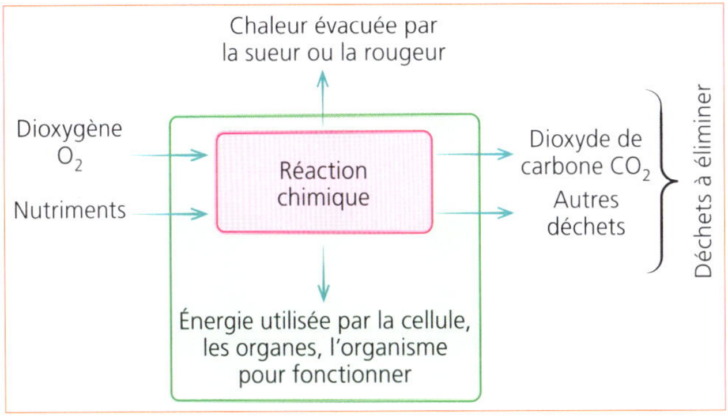

Schéma de la réaction chimique permettant la fabrication d'énergie

2 La circulation sanguine

• La circulation sanguine assure les échanges au niveau des organes de façon continue : elle transporte dioxygène, nutriments et déchets de leur lieu d'arrivée ou de synthèse dans l'organisme à leur lieu d'utilisation ou d'élimination.

> **Lexique**
>
> **Fonctionnement rythmique du cœur :** le cœur réalise en moyenne 68 battements par minute. C'est la fréquence cardiaque.

• Le **cœur**, organe central de cette circulation, est un **muscle creux** présent dans la cage thoracique. Son **fonctionnement rythmique** propulse le sang dans les vaisseaux sanguins partant du cœur.

• Il existe trois types de vaisseaux sanguins :
- les **artères** qui amènent le sang du cœur vers les organes ;
- les **veines** qui amènent le sang des organes vers le cœur ;
- les **capillaires** au sein des organes.

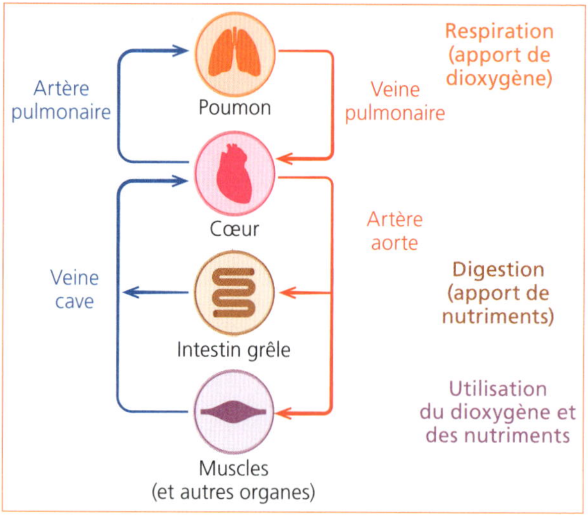

Schéma de la circulation sanguine

Teste-toi !

Corrigés p. 93

A. Réécris la réaction chimique permettant à la cellule de fabriquer de l'énergie.

B. Comment la structure du cœur (muscle creux) lui permet-elle d'assurer sa fonction ?

C. Décris le trajet qu'effectue le dioxygène de son lieu d'arrivée dans l'organisme jusqu'à son lieu d'utilisation.

Alimentation et digestion

1 Les besoins alimentaires

• Chaque individu a des besoins alimentaires qui dépendent de son sexe, son âge, sa taille, son poids mais aussi de son mode de vie et de son activité physique.

• Pour être en bonne santé, l'Homme doit avoir un **bon équilibre alimentaire**, c'est-à-dire une alimentation qui équilibre les **besoins** et les **dépenses énergétiques**.

• Les aliments que nous consommons sont formés de différentes molécules organiques qui lui apportent de l'énergie calculée en kilojoules (kJ) ou kilocalories (kcal).

• Les molécules organiques peuvent être classées en trois catégories : **lipides**, **glucides** et **protides**.

2 Le système digestif et les types de digestion

• La digestion est la transformation mécanique et chimique des aliments en nutriments. Elle est réalisée par le système digestif.

• Le système digestif comprend un **tube digestif** (dans lequel passent les aliments) et des **glandes digestives** annexes, indispensables à la digestion.
– La **digestion mécanique** est assurée par les dents (mastication) et l'estomac (brassage), et permet d'écraser les aliments.
– La **digestion chimique** est assurée par les **enzymes digestives** présentes dans les **sucs digestifs**.

• Les enzymes digestives « découpent » les grosses molécules qui constituent les aliments pour réduire leur taille et donner des petites molécules solubles appelées **nutriments**.

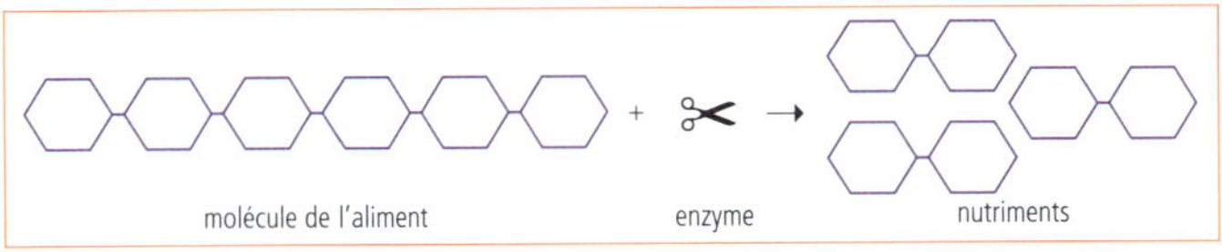

Schéma du mode d'action d'une enzyme

3 | L'absorption intestinale et le rejet des déchets

• Les nutriments passent dans le sang au niveau de l'intestin grêle, c'est ce qu'on appelle l'**absorption intestinale**.

• Les plis intestinaux et leurs villosités permettent d'augmenter la surface totale de l'intestin grêle. Cette structure, ainsi que la richesse en vaisseaux sanguins de la paroi intestinale, lui permet d'assurer au mieux son rôle de **surface d'échange**.

• Tout ce qui n'est pas digéré est éliminé de l'organisme par l'anus sous forme d'excréments.

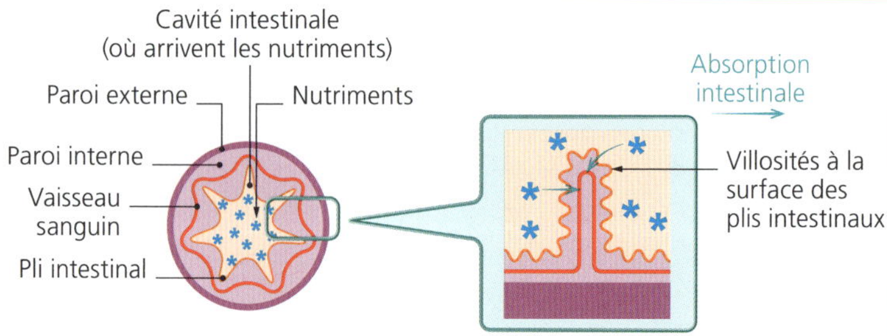

Schéma d'une coupe transversale d'intestin grêle — **Schéma d'un pli intestinal**

4 | Le microbiote

Le microbiote est l'ensemble des **micro-organismes** présents dans le tube digestif. Il protège l'organisme contre l'implantation d'espèces **pathogènes** et participe à la digestion et au bon fonctionnement de notre organisme.

> **Lexique**
>
> **Micro-organismes** : organismes dont la taille est de l'ordre du micromètre (10^{-6} mètres).
> **Pathogène :** qui peut causer des maladies.

Teste-toi !

Corrigés p. 93

A. Cite les trois grandes catégories de molécules organiques.

B. Comment équilibrer son alimentation ?

C. Explique la différence entre le système digestif et le tube digestif.

D. Quelles fonctions assurent les enzymes digestives dans la digestion ?

E. Quel est le rôle des plis intestinaux et des villosités ?

Monde microbien et réactions immunitaires

1 Le monde microbien

- L'être humain est sans cesse confronté à des micro-organismes, variés et nombreux. Ils sont présents dans l'environnement (air, surface des objets...), dans l'organisme humain ou sur la peau.
- Ils peuvent être inoffensifs, pathogènes ou bénéfiques (voir fiche 39).

2 Réaction rapide et non spécifique de défense

La **phagocytose**, réaction en trois étapes permettant la plupart du temps de stopper l'infection, est réalisée par les **phagocytes**.

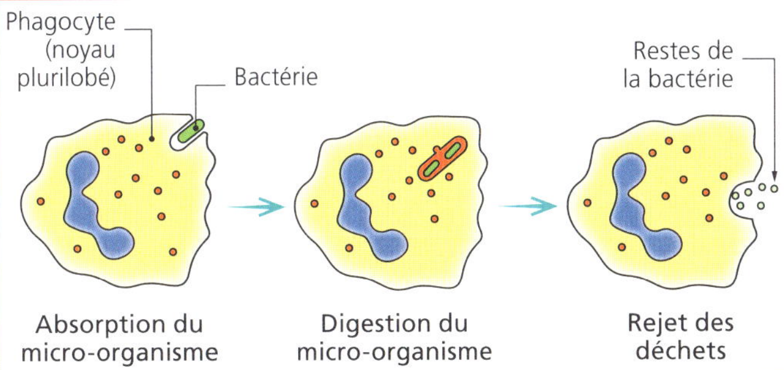

Schéma illustrant les étapes de la phagocytose

3 Les réactions lentes et spécifiques de défense

- Les réactions lentes, réalisées par les **lymphocytes**, sont dites spécifiques, car elles nécessitent la reconnaissance de l'antigène : molécule reconnue comme étrangère par l'organisme et présente au niveau des micro-organismes.
- Ces réactions lentes comprennent trois étapes :
  - reconnaissance de l'antigène par le lymphocyte ;
  - multiplication du lymphocyte ;
  - attaque et destruction des bactéries ou du virus.

Lexique

Phagocytes et lymphocytes : leucocytes (globules blancs) présents dans le sang et intervenant dans les réponses immunitaires.

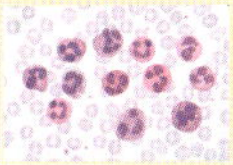

Phagocytes

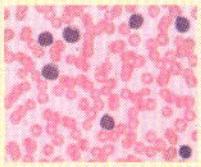

Lymphocytes

4 Action des lymphocytes

A Action des lymphocytes B

• Les **lymphocytes B** sécrètent dans le sang des **anticorps** spécifiques de l'antigène reconnu.

• Les anticorps se fixent sur les antigènes et forment un **complexe antigène/anticorps** qui neutralise le micro-organisme et facilite sa destruction par phagocytose.

B Action des lymphocytes T

Les **lymphocytes T**, ou lymphocytes tueurs, détruisent les cellules infectées par un virus par **simple contact**.

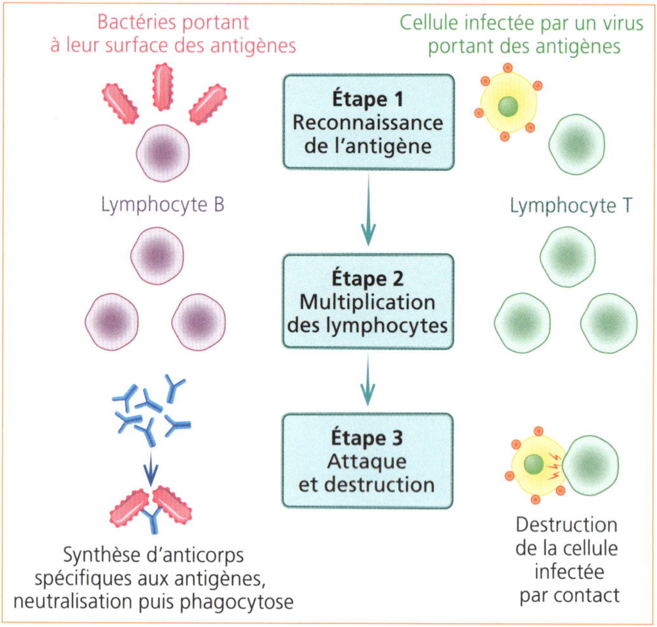

Schéma de l'action des lymphocytes

Teste-toi !

Corrigés p. 93

A. Précise les trois étapes de la réaction non spécifique de défense de l'organisme.

B. Qu'est-ce qu'un lymphocyte et quel est son rôle ?

C. Pourquoi les anticorps sont dits spécifiques à l'antigène ?

D. Explique comment l'organisme se défend face à une infection virale.

Politiques de prévention et de lutte contre la contamination et/ou l'infection

Fiche 39

SVT

1 Les mesures d'hygiène contre la contamination (asepsie)

• Afin d'éviter la **contamination**, des gestes simples existent :
- se laver les mains régulièrement avec du **savon** ou utiliser une **solution hydroalcoolique** ;
- se couvrir le nez et la bouche en cas d'éternuement ou de toux ;
- utiliser des mouchoirs à usage unique.

> **Lexique**
>
> **Contamination :** entrée de micro-organismes pathogènes dans le corps suite à l'ouverture des barrières naturelles (peau et muqueuses).

• L'utilisation de **préservatifs** (masculins ou féminins) lors de rapports sexuels est le seul moyen de se protéger des infections sexuellement transmissibles telles que le sida.

2 Antiseptiques et antibiotiques contre l'infection (antisepsie)

A Antiseptiques

Les produits antiseptiques permettent **d'éliminer bactéries et virus** au niveau d'une plaie cutanée externe et les empêchent donc de se propager et **d'infecter** l'organisme.

> **Lexique**
>
> **Infection :** multiplication des micro-organismes pathogènes dans le corps.
> L'**infection bactérienne** a lieu dans les liquides de l'organisme et l'**infection virale** dans les cellules humaines.

B Antibiotiques

• Les antibiotiques permettent d'éliminer les bactéries présentes dans l'organisme et donc de lutter contre **l'infection. Ils sont inefficaces contre les infections virales.**

• La réalisation d'**antibiogramme** permet de déterminer l'antibiotique le plus efficace pour une souche bactérienne donnée. Des pastilles imbibées d'antibiotiques sont placées sur une colonie bactérienne. Une plage de lyse se forme dans la colonie suite à la mort des bactéries.

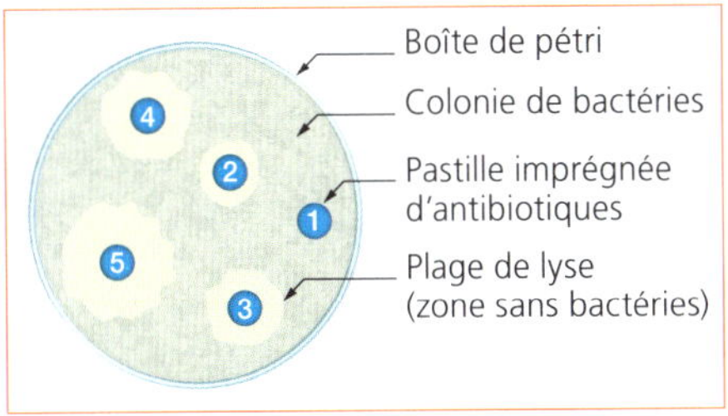

Schéma d'un antibiogramme

• Une mauvaise utilisation des antibiotiques entraîne le développement de **formes de résistance** par **sélection de populations bactériennes résistantes.**

3 Vaccination et santé publique

• La **vaccination** est le moyen de prévention le plus efficace aujourd'hui pour lutter contre certaines maladies infectieuses (tétanos, rougeole…).

Lexique

Préventif : pour prévenir, pour éviter qu'un événement ne se produise.

• La vaccination individuelle permet de protéger la population mondiale en évitant les **épidémies**. Des **campagnes d'information** existent et certains vaccins sont obligatoires.

• Le principe de la vaccination repose sur la **mémoire immunitaire** : à chaque infection, l'organisme conserve des **cellules mémoires** capables de répondre plus vite et plus efficacement lors d'un second contact avec le même antigène.

• Elle assure une protection **préventive**, durable et spécifique contre un **pathogène** donné.

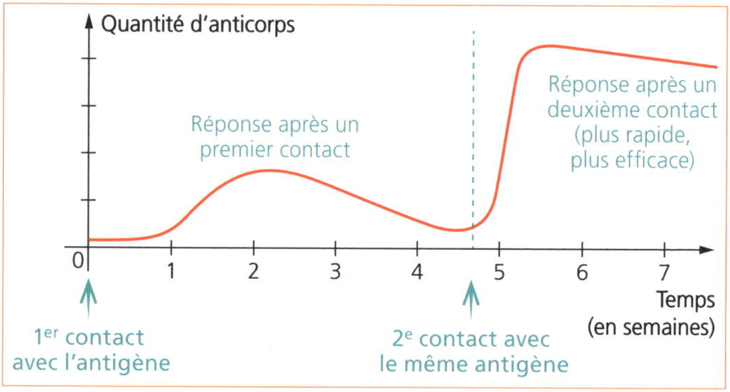

Évolution du vaccin

Teste-toi !

Corrigés p. 93

A. Cite quatre pratiques permettant de limiter les risques de contamination.

B. Comment limiter l'infection au niveau d'une plaie suite à une coupure ?

C. Explique le principe d'un antibiogramme.

D. Pourquoi la vaccination est-elle qualifiée de protection préventive ?

Sexualité et reproduction

Fiche 40

SVT

1 Puberté et organes reproducteurs

• À la puberté, le fonctionnement des organes reproducteurs masculins et féminins se déclenche et entraîne l'apparition des **caractères sexuels secondaires**.

• Chez l'homme, le fonctionnement des **testicules** est **continu** : ils produisent des **spermatozoïdes (gamètes mâles)** en grande quantité de la puberté à la mort.

• Chez la femme, le fonctionnement des **ovaires** est **cyclique** : ils libèrent un **ovule (gamète femelle)** tous les 28 jours en moyenne. C'est l'ovulation (la libération de l'ovule par l'ovaire).

• Des **hormones** cérébrales contrôlent le fonctionnement des organes reproducteurs.

> **Lexique**
>
> **Hormone :** substance fabriquée par un organe et qui va agir à distance sur un autre, appelé organe cible. Les hormones circulent dans le sang.

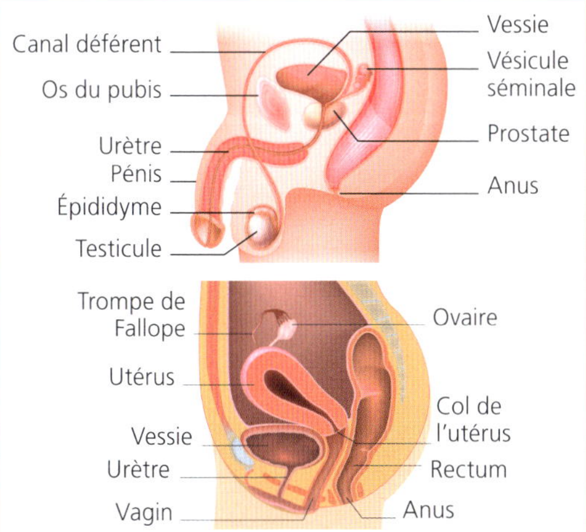

Schéma des appareils reproducteurs féminin et masculin

2 Fécondation et grossesse

A Fécondation humaine

• La fécondation, interne chez l'espèce humaine, se déroule dans l'une des **trompes** de l'appareil reproducteur féminin et nécessite un **rapport sexuel**.

• Sur les 50 à 100 millions de spermatozoïdes par millilitre de sperme libérés au fond du vagin lors du rapport sexuel, **un seul fécondera l'ovule** au cours de la période d'ovulation.

• Cette fécondation permettra la **formation d'une cellule-œuf**.

B Déroulement d'une grossesse

• La cellule-œuf, par divisions successives, devient un **embryon** qui s'implante dans la **muqueuse utérine** pour s'y développer pendant neuf mois.

• Pendant la grossesse, des **échanges placentaires** entre la mère et le fœtus ont lieu et assurent la nutrition du fœtus.

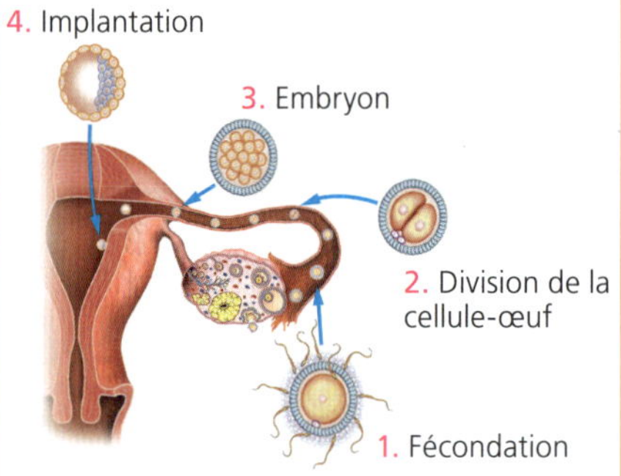

De la fécondation à l'implantation de l'embryon

3 Comportements responsables et sexualité

• Toute relation sexuelle doit être accompagnée de comportements responsables pour éviter une **grossesse non désirée** ou la **transmission d'une IST** (infection sexuellement transmissible) entre les partenaires.

• Plusieurs **méthodes de contraception** existent, hormonales (ex. : pilule contraceptive) ou mécaniques (ex. : préservatif).

• L'utilisation de **préservatifs** lors de rapports sexuels reste l'une des solutions les plus efficaces pour se protéger des IST (voir fiche 39).

Teste-toi !

Corrigés p. 93

A. Comment une hormone cérébrale peut-elle agir sur le fonctionnement des ovaires situés autre part dans l'organisme ?

B. Quel trajet effectue un spermatozoïde, de sa libération au moment du rapport sexuel, jusqu'au lieu de l'ovulation ?

C. Cite le moyen de plus efficace pour se protéger des IST au cours d'un rapport sexuel.

Teste-toi ! corrigés

SCIENCES DE LA VIE ET DE LA TERRE

Fiche 23. **A.** Vénus est une planète tellurique car elle est constituée de roches et de métaux. – **B.** La rotation de la Terre sur elle-même s'effectue en 24 heures, une moitié du globe reçoit donc les rayons lumineux pendant 12 heures (jour), puis n'en reçoit plus pendant 12 heures également (nuit). – **C.** La Terre est l'unique planète du Système solaire à posséder de l'eau à l'état liquide car elle est la seule dont la température de surface le permet. Mercure et Vénus ont une température de surface supérieure à 100 °C, et Mars, inférieure à 0 °C. – **D.** L'échelle des temps géologiques a été établie à partir d'événements géologiques et biologiques importants et ayant eu un impact sur notre planète depuis sa formation, il y a 4,5 milliards d'années.

Fiche 24. **A.** L'intensité du séisme est maximale au niveau de l'épicentre. – **B.** Un séisme est ressenti sur plusieurs kilomètres de distance car il se propage dans le sol et en surface sous la forme d'ondes sismiques. – **C.** La présence de coulées de lave caractérise le volcanisme effusif. – **D.** Les matériaux projetés lors de l'éruption volcanique peuvent, en s'accumulant, former l'édifice volcanique. – **E.** Les trois types de mouvements auxquels sont soumises les plaques lithosphériques sont : convergence, divergence et décrochement.

Fiche 25. **A.** La météo désigne le temps qu'il fait en ce moment ou dans les jours qui viennent, tandis que le climat désigne les valeurs moyennes du temps sur des semaines et des années. – **B.** Les zones climatiques se répartissent en bandes longitudinales de part et d'autre de l'équateur. – **C.** Les masses d'eau de surface sont mises en mouvement par le vent. – **D.** Les masses d'eau profondes sont mises en mouvement par des différences de température et de salinité. – **E.** L'être humain accélère le réchauffement climatique.

Fiche 26. **A.** Un risque est le croisement entre un aléa et la vulnérabilité d'une zone. – **B.** Pour réduire les risques sismiques dans une zone, il est possible de : limiter le nombre de la population dans ses zones, imposer des normes de construction parasismique pour les nouveaux bâtiments et préparer la population afin qu'elle adopte les bons gestes lors d'un séisme. – **C.** La prévision d'une éruption volcanique se base essentiellement sur la surveillance des volcans et sur l'étude des données acquises au cours d'anciennes éruptions. – **D.** Les conseils en cas de canicule sont, entre autres : mouiller son corps et se ventiler, boire régulièrement de l'eau et maintenir sa maison au frais.

Fiche 27. **A.** L'eau douce liquide disponible peut être prélevée dans les rivières, les lacs, au niveau des sources et des nappes souterraines. – **B.** L'eau est utilisée par l'être humain dans les secteurs de l'énergie, de l'agriculture et de l'industrie, ainsi que dans les foyers. Les ressources fossiles sont utilisées par l'être humain en tant que carburant et en tant que combustible. – **C.** Les stations d'épuration permettent de traiter les eaux usées pour qu'elles ne soient pas source de pollution. – **D.** Le pétrole se forme à partir de matière organique morte. – **E.** L'être humain, en utilisant les ressources fossiles, libère des gaz à effet de serre et accélère le réchauffement climatique de la planète.

Fiche 28. **A.** Un écosystème est l'ensemble d'un biotope, d'une biocénose et des interactions entre les organismes eux-mêmes et entre les organismes et leur milieu. – **B.** La prédation constitue un transfert de matière, car de la matière organique d'un organisme est consommée par un autre organisme. – **C.** Le transfert de l'énergie lumineuse du soleil aux arbres. – **D.** La pollution des eaux par exemple. – **E.** Le réchauffement climatique par exemple causé par l'utilisation massive des combustibles fossiles.

Fiche 29. A. Les micro-organismes symbiotiques vivant dans les systèmes digestifs des animaux fournissent des enzymes capables de transformer certaines molécules que l'animal n'aurait pas été en mesure de digérer. – **B.** Un phytophage se nourrit de matière organique végétale et un zoophage de matière organique animale. – **C.** La respiration consiste en l'absorption de dioxygène et le rejet de dioxyde de carbone. – **D.** Au niveau d'une alvéole pulmonaire, le dioxygène passe de l'air inspiré au sang et le dioxyde de carbone passe du sang à l'air expiré. – **E.** L'urine est fabriquée dans le rein, puis passe dans les uretères, est stockée dans la vessie et est éliminée par l'urètre.

Fiche 30. A. Les matières minérales nécessaires à la photosynthèse sont : l'eau (H_2O), le dioxyde de carbone (CO_2) et les sels minéraux. – **B.** Le dioxyde de carbone entre par les stomates présents sur l'épiderme des feuilles vertes, et l'eau et les sels minéraux sont absorbés par les poils absorbants des racines. – **C.** La matière organique est synthétisée grâce à la photosynthèse en présence de lumière. – **D.** Car elle ne peut plus réaliser la photosynthèse qui assure son fonctionnement et sa croissance.

Fiche 31. A. Un stolon est un organe que crée un végétal et qui lui permet de se reproduire de façon asexuée. – **B.** C'est un exemple de reproduction sexuée à fécondation interne, car il y a un accouplement de deux individus (reproduction sexuée) et la fécondation a lieu dans l'appareil reproducteur de la femelle (fécondation interne). – **C.** La fécondation végétale est interne, car elle a lieu dans le pistil. – **D.** C'est une reproduction asexuée car aucune diversité génétique n'apparaît lors de la reproduction : les individus obtenus sont strictement identiques. – **E.** Une lionne assure le maintien de son espèce dans le milieu en protégeant ses petits des prédateurs pour les maintenir en vie.

Fiche 32. A. Un attribut est un caractère visible d'un être vivant. – **B.** Chaque boîte correspond à un attribut. – **C.** A est plus proche de C que de B, car A et C possèdent davantage d'attributs en commun entre eux qu'avec B. – **D.** Les arguments qui appuient l'origine commune des êtres vivants sont que tous les êtres vivants sont constitués de cellules et que, dans chacune de ces cellules, c'est l'ADN qui porte les informations génétiques.

Fiche 33. A. Oui, un caractère spécifique est obligatoirement héréditaire. – **B.** Elle possède 46 chromosomes. – **C.** Une cellule se prépare à la division cellulaire en doublant ses chromosomes. – **D.** La diversité génétique entre les individus d'une même espèce s'explique par l'existence d'allèles différents pour un même gène : chaque individu a une combinaison allélique unique. – **E.** Les deux mécanismes de la reproduction sexuée permettant l'émergence d'une diversité génétique sont : la formation des gamètes et la fécondation.

Fiche 34. A. Une mutation est une modification de l'ADN d'un gène permettant la création de nouveaux allèles. – **B.** La fréquence d'un allèle déterminant un caractère favorisant la survie d'un individu va augmenter au sein de la population car l'individu aura plus de chance de se reproduire. – **C.** Deux grands mécanismes qui modifient les fréquences alléliques au sein d'une population sont : la sélection naturelle et le hasard. – **D.** Bipédie et bassin élargi et court.

Fiche 35. A. Réception d'un stimulus de l'environnement par un organe récepteur / transmission du message nerveux sensitif aux centres nerveux par les nerfs sensitifs / Analyse et création du message nerveux moteur par le cerveau / Transmission du message nerveux moteur aux organes effecteurs par les nerfs moteurs / Réalisation du mouvement – **B.** Les fréquences cardiaques et respiratoires augmentent lors d'un effort physique. – **C.** L'organisation en réseau dense de neurones dans les centres nerveux permet l'analyse et la transmission rapide des messages. – **D.** La consommation d'alcool diminue la vigilance du conducteur et augmente les risques d'accidents.

Fiche 36. **A.** La réaction chimique permettant à la cellule de fabriquer de l'énergie est : Nutriments + $O_2 \rightarrow CO_2$ + (chaleur et énergie). – **B.** Le cœur est un muscle car il doit se contracter pour propulser le sang dans l'organisme et il doit être creux pour que le sang puisse circuler à l'intérieur. – **C.** Le dioxygène arrive dans l'organisme au niveau du système pulmonaire, passe dans le sang et va jusqu'au cœur grâce à la veine pulmonaire puis aux organes via l'artère aorte.

Fiche 37. **A.** Glucides, lipides et protides. – **B.** Il faut équilibrer les apports et les dépenses énergétiques. – **C.** Le tube digestif regroupe les organes au sein desquels transitent les aliments et le système digestif est l'ensemble du tube digestif et des glandes digestives annexes (dans lesquelles ne passent pas les aliments). – **D.** Les enzymes digestives assurent la transformation des molécules organiques contenues dans les aliments en nutriments, molécules solubles plus petites qui passeront dans le sang. – **E.** Les plis intestinaux et les villosités permettent d'augmenter la surface totale de l'intestin.

Fiche 38. **A.** Absorption du micro-organisme pathogène par un phagocyte / Digestion du micro-organisme / Rejet des déchets. – **B.** Un lymphocyte est un leucocyte permettant de défendre l'organisme de façon spécifique. – **C.** Les anticorps sont spécifiques aux antigènes car ils ne peuvent neutraliser que les micro-organismes ayant été reconnus par le lymphocyte B. – **D.** Un lymphocyte T va reconnaître la cellule infectée par un virus grâce aux antigènes de surface, se multiplier puis détruire cette cellule par contact.

Fiche 39. **A.** Se laver les mains régulièrement avec du savon ou utiliser une solution hydroalcoolique / Se couvrir le nez et la bouche en cas d'éternuement ou de toux / Utiliser des mouchoirs à usage unique/ Utiliser des préservatifs (masculins ou féminins) lors de rapports sexuels. – **B.** En appliquant un produit antiseptique au niveau de la plaie. – **C.** Des pastilles imbibées d'antibiotiques sont placées sur une colonie bactérienne. Une plage de lyse se forme dans la colonie suite à la mort des bactéries. La taille de la plage de lyse permet de déterminer l'antibiotique le plus efficace. – **D.** La vaccination permet de mettre en mémoire de façon préventive des cellules capables de défendre l'organisme de façon rapide et efficace en cas de contact avec un antigène donné (le contact n'a pas encore eu lieu).

Fiche 40. **A.** Une hormone libérée par le cerveau va circuler dans le sang jusqu'aux ovaires, où elle pourra agir sur son fonctionnement. – **B.** Les spermatozoïdes sont libérés au fond du vagin, puis passent par l'utérus pour atteindre l'une des trompes, où a lieu la fécondation. – **C.** L'utilisation de préservatifs lors de rapports sexuels reste l'une des solutions les plus efficaces pour se protéger des IST.

Crédits :
p. 38 : Bon Appetit/Shutterstock ; p. 46 : bilha golan/Shutterstock ; p. 49 gauche : YuryKo/Shutterstock ; p. 49 droite : Guan jiangchi/Shutterstock ; p. 50 (scooter) : Supertrooper/Shutterstock ; p. 50 (rollers) : monticello/Shutterstock ; p. 50 (moto) : MiloVad/Shutterstock ; p. 50 (train) : S-F/Shutterstock ; p. 62 : Santé publique France/www.santepubliquefrance.fr ; p. 66 : Ministère du Développement durable ; p. 68 (haut) : joshya/Shutterstock ; p. 68 (bas) : Teguh Mujiono/Shutterstock ; p. 70 : BlueRingMedia/Shutterstock ; p. 79 : stihii/Shutterstock ; p. 89 haut : BlueRingMedia/Shutterstock ; p. 89 bas : Alila Medical Media/Shutterstock

Achevé d'imprimer en décembre 2024 en France par Chirat - N° 202411.0128
Dépôt légal : janvier 2025 - Édition 01